ISSUE NO.12　　　　　Berlin

MARBLE ROCKET

도시 탐사 매거진

EDITOR'S NOTE

도시에 스며든 자유

마블로켓이 탐사한 12번째 도시는 베를린입니다. 베를린은 언젠가 탐사할 도시 리스트에 있었지만, 작은 계기가 등을 떠밀었습니다. 베를린의 테크노 음악이 유네스코 무형문화유산으로 등재되었다는 뉴스였습니다. 베를린 클럽들의 자발적이고 지속적인 노력의 성과라는 것도 알게 되었고요. 베를린에 대한 궁금증이 점화된 순간이었습니다. 독일이라는 나라가 가진 무뚝뚝하고 규범을 중시하는 이미지와, 테크노의 자유분방한 에너지가 어떻게 합치될 수 있는지 알고 싶었습니다. 그렇게 베를린 탐사는 시작되었습니다.

베를린은 전형적인 독일 도시가 아니라는 이야기를 많이 들었습니다. 베를린 한곳만 보고 독일의 분위기, 독일 사람들의 기질로 일반화하는 선무당 짓을 할까 봐, 베를린에 앞서 독일의 최대 도시이자 베를린과 가장 분위기가 대조된다는 뮌헨을 다녀왔습니다. 북쪽 항구도시인 함부르크도 방문했고요. 비교

관점을 가질 수 있다는 자신감을 장착하고 베를린행 기차에 올랐습니다.

베를린을 사람으로 가정한다면 '이 사람이 가장 중요하게 생각하는 가치가 무엇일까'라는 질문을 던져 보았습니다. 저희가 유추한 답은 '자유'입니다. 베를린에게 자유가 각별한 이유는 빼앗겨 보았기 때문이 아닐까 생각합니다. 나치 정권의 독재는 베를린을 숨 막히게 했습니다. 2차 세계대전의 패전으로 독일은 4개 연합국의 통치를 받았고, 수도 베를린은 다시 동과 서로 나뉘었죠. 155km의 긴 장벽이 서베를린 전체를 둘러쌌습니다. 1990년까지 베를린의 자유는 제한적이었어요. 자유를 박탈당한 사람에게 자유의 가치는 남다를 수밖에 없습니다. 역으로, 베를린은 자신들이 빼앗은 자유에 대한 반성에도 진심이었습니다. 베를린 거리 바닥 곳곳에 박혀 있는 나치 정권의 희생자 동판들과 추모비들이 독일의 반성을 증명해 줍니다.

현재 베를린이 누리는 자유는 역사적 맥락을 빼놓고서는 이해하기 쉽지 않습니다. 베를린에게 자유의 가치를 일깨워 준 역사적 공간들을 '스페셜' 기획으로 다루었습니다. 베를린식의 자유가 어떻게 생겨났는지 그 맥락을 읽을 수 있는 공간들입니다.

베를린이 문화 예술의 도시라는 수식어가 전혀 과장이 아님을 알게 되었습니다. 박물관섬의 대형 뮤지엄 외에도 도시 곳곳에 문화 예술 공간이 넘쳐납니다. 상징적인 뮤지엄과 놓치기 쉬운 전시 공간, 스토리가 있는 공간 등을 선별하느라 꽤 오래 고민했습니다.

베를리너들이 누리는 자유를 온몸으로 느낄 수 있는 곳은 공원이었습니다. 도시 면적의 3분의 1을 차지하는 것은 숲과 공원, 호수입니다. 베를린의 공원은 개방된 공간이자 개인적인 공간이었습니다. 공원에서 개인이 만드는 아름다운 무질서를 볼 수 있었습니다.

또, 인물이라는 프레임을 통해 베를린의 자유를 지탱하고 있는 '보이지 않는 것'들을 보여드리고 싶었습니다. 투명한 유리 돔을 올린 국회의사당, 많은 노벨상 수상자를 배출한 훔볼트 대학과 '베를린의 뇌'로 불리는 자유대학교 도서관, 케테 콜비츠 뮤지엄을 인물의 프레임으로 조금 더 깊게 들여다보려고 합니다.

현재 베를리너들의 라이프스타일을 엿볼 수 있는 장소와 가게들도 놓치지 않았습니다. 마지막으로 베를린이라는 도시와 견고하게 연결되어 있는 브랜드로는 암펠만과 버디 베어 그리고 비키니 베를린이라는 복합공간을 선정했습니다.

'프라이하이트'(Freiheit)는 독일어로 자유를 말합니다. 책도 술처럼 건배를 할 수 있다면 마블로켓 베를린 편의 건배사는 이것으로 하겠습니다.
프라이하이트!

편집장 서은숙

CONTENTS

Insight
예술

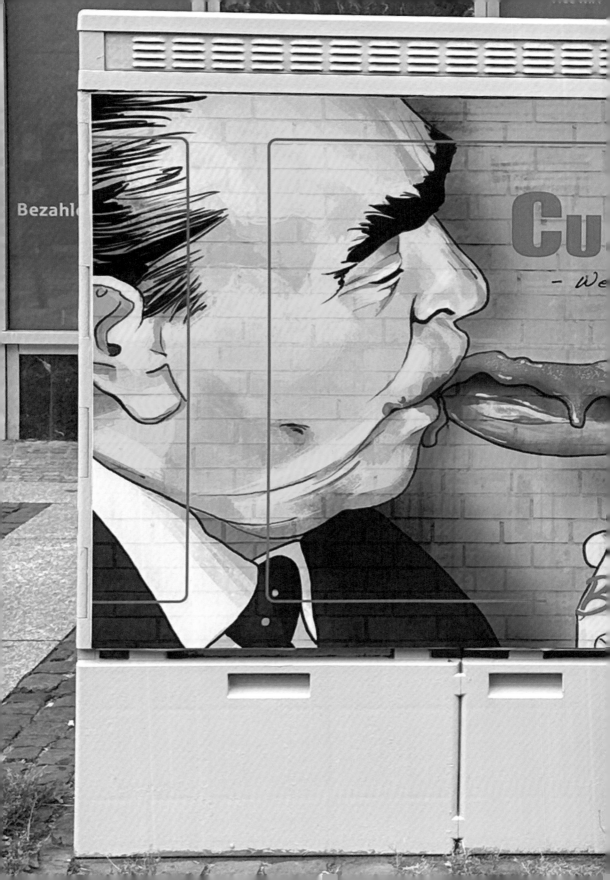

이 도시에 빠지면 출구가 없다

파리나 로마, 바르셀로나, 프라하는 호불호가 크지 않은 도시다. 그에 비하면 베를린은 호불호가 크게 나뉜다. '불호'인 사람들은 베를린이 어둡고 지루한 도시라고 한다. '호'의 입장에서 보면 베를린은 차분하고 사색적이며 남보다 자기 자신에게 집중하는 분위기였다. 그렇다고 베를리너들을 자기밖에 모르는 차갑고 이기적인 사람들이라고 말하기는 어렵다. 베를린의 수많은 박물관과 추모 공간, 폭격의 흔적들은 이렇게 말하는 듯했다. '우리는 전쟁을 일으켰던 나라였다. 그래서 이 많은 사람들이 희생되었고 우리는 끝까지 참회해야 한다. 어떤 것도 함부로 덮어서는 안된다. 남겨야 한다. 기록하고 기억해야 한다.'

폭격으로 폐허가 된 교회, 동베를린을 탈출하려던 수많은 민간인들이 희생되었던 장소, 더 이상 제 기능을 하지 못하는 공항과 폐 발전소, 낡은 재래시장 등을 개발하지 말라고 주민들은 거세게 저항한다. 우리의 기록을 지우지 말라는 시민의 뜻은 대부분 관철된 듯하다. 우리는 베를린에서 여전히 그곳들을 볼 수 있다.

베를린은 독일 안에서 고립된 섬으로 존재했었다. 패전으로 4개국의 분할 통치를 받게 된 독일은 동독과 서독으로 분단되었다. 동독 지역에 위치한 수도 베를린이 소련의 지배하에 들어가는 것을 막기 위해 연합국은 베를린마저 동서로 나누었다. 불과 35년 전만 해도 삼엄한 장벽이 도시를 나누고 있었다는 것이 실감 나지 않을 정도로, 베를린 방문객은 동베를린 지역이었던 박물관섬에서 서베를린 지역이었던 크로이츠베르크로 자유롭게 다닌다. 역사적 맥락을 알 때 도시는 훨씬 더 많은 이야기를 들려준다. 베를린은 특히 그렇다.

V I E W

역사의 공터에서 발아된 테크노

역사와 무관할 것 같은 클럽 문화도 예외가 아니다. 베를린의 테크노 음악은 2024년 유네스코의 무형문화유산에 등재되었다. 사실, 유네스코가 인정하기 전에도 이미 베를린은 '테크노의 성지'로 통했다. 아이러니하게도 그 시작은 공터이자 버려진 건물이었다.

서독 정부가 존재했지만 여전히 연합군의 점령 하에 있던 1980년대, 서베를린은 낙후된 지역이 많았다. 젊은 인구의 유입을 위해 연합국 군정은 단속이나 규제를 완화했고, 폐 건물 등에 젊은이들이 스피커를 들고 모여들었다. 경찰과의 충돌은 빈번했지만 이런 분위기 속에서 테크노 음악은 자생적으로 발달했다. 장벽이 무너지자 장벽 주변으로 폐 건물과 빈집은 늘었고, 테크노는 동베를린과 서베를린의 젊은이들을 뒤섞이게 한 매개체가 되었다. 테크노가 아니었다면 오랫동안 다른 체제에 있었던 젊은 세대의 위화감이 이처럼 빨리 해소될 수 있었을까?

베를린에는 테크노 클럽이 셀 수 없이 많지만 그중 가장 화력이 센 이름은 베르크하인(Berghain)이다. 화력발전소였던 건물은 2004년에 클럽으로 오픈했다. 1500명 이상을 수용할 수 있는 대규모 건물에 최고의 사운드 시스템을 갖추고 있지만, 아무나 들어갈 수 없다. 문지기가 랜덤으로 입장 여부를 결정하기 때문이다. 이 악명 높은 입장 시스템 덕분에 오히려 베르크하인은 더 유명해졌다. 내부는 철저히 촬영이 제한되어 있는데, 경험했던 사람들은 극찬을 쏟아냈다. 2시간을 줄 서서 기다렸다 하더라도 무시무시한 수문장의 거절 한 마디에 돌아서야 하는 긴장감이 클러버들을 더 안달 나게 하는 건 지도 모른다. 그렇다고 통과할 수 있는 팁 같은 건 없다. 복불복이다.

베르크하인 외에도 교회였던 건물, 탄약고였던 건물 등이 지금은 잘나가는 클럽으로 변신해 있으니 베르크하인에서 '입구컷' 당해도 좌절할 건 없다.

다양성이라는 도시 자산

　　사람들이 힙하다고 하는 동네의 공통점은 그 특징을 한 마디로 규정할 수 없다는 점에 있다. 미테 지역은 여전히 매력 있지만, 힙하다고 하기에는 크로이츠베르크에 밀린다. 브랜드들이 밀고 들어오면 힙했던 거리도 상업적 거리가 된다. 여전히 미테 지역을 좋아하는 사람들이 많지만, 크로이츠베르크가 뜬 건 사실이다. 튀르키예에서 건너온 이민자들이 많은 곳이지만 크로이츠베르크는 폴란드, 인도, 우크라이나, 불가리아, 루마니아, 베트남 등에서 건너온 사람들이 다국적·다문화를 이루고 있는 지역이다. 사실 베를린은 서울의 1.5배 면적을 가지고 있지만 인구는 3분의 1밖에 되지 않는다. 게다가 외국인 비율이 높다.

　　색다른 음식점을 찾는다면 크로이츠베르크에서 발견할 가능성이 크다. 낡은 건물들과 자유분방한 그라피티로 뒤덮여 있지만 다양한 국적의 음식을 즐길 수 있는 곳도, 지역 예술가들이 선호하는 곳도 크로이츠베르크다. 2017년에 구글이 크로이츠베르크 지역에 캠퍼스 계획을 추진했지만 지역 주민들의 강한 반대 속에 2년 만에 철회한 일도 있다. 구글은 상대적으로 저렴한 임대료를 염두에 뒀을 테고, 주민들은 임대료의 상승을 우려했다. 지역의 거센 반발로 결국 무산됐다.

뮤지엄 옆 뮤지엄 옆 뮤지엄

베를린이 문화 예술의 도시로 소문난 것이 어제오늘 일은 아니다. 뮤지엄이 많은 건 알았지만 이렇게 많을 줄은 몰랐다. '뮤지엄 패스'라는 티켓을 구매하면 '박물관섬'(Museumsinsel)에 있는 5개 대형 뮤지엄을 포함해서 30개가 넘는 뮤지엄들을 72시간 내에 무제한으로 볼 수 있다. 그러나 각 뮤지엄이 소장하고 있는 작품 수도 어마어마해서 하루에 한 군데를 보고 나면 다른 곳으로 갈 엄두가 나지 않는다. 머리에 '입력 초과' 문자가 깜빡인다. 시간과 에너지를 잘 배분하는 것이 뮤지엄 투어에는 필수. 일단 베를린의 뮤지엄 지도를 조망해 보자.

슈프레강의 북쪽에 위치한 박물관섬에는 다섯 개의 대형 박물관이 밀집되어 있다. 1999년에 유네스코 문화유산에 등재된 특별지구다. 박물관섬은 프로이센 시대(1701-1918)에 건축되었고 왕가의 소장품들로 채워졌다. 1차 세계대전에 패하면서 프로이센 왕국은 역사 속으로 사라졌지만, 소장품들은 프로이센 문화유산 재단에 위탁되어 대중에게 공개되기 시작했다.

1830년에 건립된 구 박물관(Altes Museum)을 시작으로 베를린 신 박물관(Neues Museum), 구 국립미술관(Nationalgalerie), 보데 박물관(Bode Museum), 페르가몬 박물관(Pergamon Museum)이 순서대로 생기면서 5개로 이루어진 박물관섬이 모습을 갖추었다. 구 박물관의 상징성은 크다. 당대 최고의 건축가였던 '카를 프리드리히 싱켈'이 설계한 이 박물관은 이후 신 박물관에도 영향을 미쳤다. 구 박물관의 스케일과 위엄이 없었다면 지금의 박물관섬이 존재할 수 있었을까?

구 박물관은 로마의 판테온처럼 원형 홀이 인상적이다. 그리스 로마시대의 조각상 등 거대한 양의 유물들을 전시하고 있다. 박물관섬에서 가장 인기가 많은 페르가몬 박물관은 13년간의 장기 공사에 들어갔다. 오랜 기간 볼 수 없는 건 아쉽지만 시간이 오래 걸리더라도 소장품 보존에 최상의 공간을 구성하려는 그들의 계획을 힐난할 수는 없다.

베를린 시내는 대중 교통으로 이동하는 것이 가장 편하다. 지하철인 U 반(U-bahn)과 버스가 웬만한 시내는 커버한다. 도심을 벗어난다면 지상으로 달리는 S반(S-bahn) 기차를 이용하면 된다. 트램을 타거나 공유 자전거를 앱으로 대여할 수도 있다.

독일은 '1인 1자전거' 나라로 불릴 만큼 자전거가 생활화되어 있다. 베를린에도 남녀노소 할 것 없이 자전거 이용자가 많았다. 그런데 독일의 다른 도시에 비하면 자전거 이용률이나 전용도로 상태가 떨어진다고 한다. 맙소사. 2019년에 정책적으로 공유 자전거를 많이 보급했고 자전거를 지원하는 기업들도 늘어나고 있기 때문에 베를린 도심에 앞으로 더 많은 자전거가 보일 것 같다. 자전거 전용 도로 위를 느긋하게 걷다가는 뒤에서 달려오는 자전거에 혼쭐이 날 수 있으니 보행자 도로인지 살펴보는 게 좋다. 아니, 강을 따라 걷는 게 최고다.

슈프레강이 없는 베를린은 상상할 수 없다. 베를린 도심을 구불구불 흐르는 강을 따라 사람들은 산책을 하고 조깅을 하고 일광욕을 한다. 베를린 사람들은 햇빛을 아까워한다. 선크림, 자외선 차단 선 캡, 양산, 선글라스, 팔 토시까지 동원해서 온몸으로 햇빛을 방어하는 우리와는 대조적이다. 1년 내내 받을 수 있는 일조량이 적은 탓이지만, 햇빛은 일상으로 파고들어 문화가 되었다. 슈프레강을 따라 크고 작은 공원이 있고, 공원에 있을 때 베를린 사람들은 가장 자유로워 보인다. 과거의 과오도, 현재의 자유도 어느 하나 소홀히 하지 않는 곳, '빨리 빨리' 서두르지 않고 개발에 신중한 곳, 잔디에 웃통을 벗고 누워있는 사람들과 타투(Tattoo)한 다리를 드러내고 힘차게 자전거 페달을 밟는 사람들. 베를린은 호불호가 갈리는 도시다. 그러나 한번 매력에 빠지면 답이 없다.

BERLIN

Special

베를린식 자유

(1)

자유에 대한 자유로운 해석
이스트사이드 갤러리 | East Side Gallery

분단의 상징인 베를린 장벽이 예술로 승화된 곳,
자유와 평화를 기원하는 전 세계 작가들의 거침없는 표현,
세계에서 가장 긴 야외 갤러리. 이곳은 '이스트사이드 갤러리'다.

베를린을 처음 방문하는 사람이라면 이곳을 놓칠 리가 없다. 슈프레강을 따라 1.3km 긴 장벽으로 이루어진 이스트사이드 갤러리는 작품을 감상하며 산책하기 좋은 길이다. 끝이 보이지 않을 정도로 제법 긴 거리이지만, 장담하건대, '괜히 다 봤네'라는 생각은 들지 않을 것이다. '자유와 평화라는 개념이 이렇게 다양한 방식으로 표현될 수 있구나.' 관전 포인트는 이 정도로 충분하다.

장벽이 무너진 것은 1989년 11월 9일. 그다음 해인 1990년 9월에 이스트사이드 갤러리가 조성됐다. 전 세계 21개국 118명의 작가들이 참여했다. 참여한 작가의 수만큼 개성 있고 자유분방한 그림들이 콘크리트 장벽에 색을 입혔다.

저 멀리 사람들이 모여 있다면 십중팔구 〈형제의 키스〉 그림 앞일 것이다. 당시 소련 공산당 서기장 브레즈네프와 동독 서기장 호네커가 동베를린에서 만나 실제로 입 맞춘 장면을 풍자적으로 묘사한 작품이다. 러시아 작가 '드미트리 브루벨'이 그렸고, '주여, 이 치명적인 사랑을 이겨내고 살아남게 해주소서'라는 부제가 달려있다.

동독에서 생산되던 경차 트라반트(애칭은 트라비)가 장벽을 뚫고 나오는 그림도 인기다. 〈남은 것을 시험하라〉라는 제목이 붙어있다. 장벽 붕괴 이후 남아있는 과제를 말하는 것일지도 모르겠다. 또 하나 인상적인 그림은 공중에 떠 있는 듯한 '사하로프' 초상화였다. 〈고마워요, 안드레이 사하로프〉라는 제목의 이 그림은 소련 핵물리학자이자 반체제 인사였던 사하로프가 눈을 감고 있는 흑백의 그림이다. 사하로프는 인권운동으로 1975년 노벨 평화상을 받았고 장벽이 무너지고 얼마 후 세상을 떠났다.

야외 갤러리인만큼 색이 바래거나 침식되기도 하고, 문화 예술을 고의적으로 훼손하는 반달리즘(vandalism) 등의 피해를 입어 2006년부터 복원 작업을 진행하고 있다. 2013년에는 주변 아파트 공사로 23m 정도의 장벽 일부를 철거하려는 계획이 있었으나 시민들의 거센 반발로 중단됐다. 과거사의 흔적, 분단의 기억, 자유의 메시지를 시민들이 지켜내는 곳. 베를린은 그런 도시다.

(2)

그날, 검문소에서 일어난 일
체크포인트 찰리| Checkpoint Charlie

체크포인트 찰리에는 사진을 찍으려는 사람들로 길게 줄을 서 있었다.
과거 검문소를 재현한 이미테이션 '검문소', 높이 걸려있는 미국 군인의 사진
그리고 장벽이 지나갔던 자리를 표시한 바닥의 동판.
체크포인트 찰리에 있는 것은 이게 전부다.
그러나 이곳은 베를린을 찾는 사람들에게 늘 인기다.

동독과 서독이 서로를 향해 총을 겨누었던 긴장감은 관광지 특유의 유쾌함으
로 대체되었다. 미국과 소련이 탱크부대로 대치하여 일촉즉발의 상황이 벌어
졌던 장소에서 사람들은 기념품을 고르느라 바쁘다.

체크포인트 찰리는 서독으로 탈출하려는 동독인들을 막기 위해 베를린 장벽
의 길목에 설치한 검문소들 중 하나였다. 찰리는 누군가의 이름이 아니라 연
합국에서 쓰던 일종의 암호였다. 체크포인트 A(Alpha), 체크포인트 B(Bravo),
체크포인트 C(Charlie), 체크포인트 D(Delta) 같은 식으로.

많은 검문소 중에서 체크포인트 찰리가 조명을 받게 된 것은 이곳에서 일어난 충격적인 사건 때문이다. 1961년 삼엄한 경비 중에 철조망을 넘어가려는 동독 청년의 탈주 시도가 있었고 동독 경비대의 총에 맞은 청년은 어느 쪽의 응급 처치도 받지 못한 채 그 자리에 방치되어 결국 과다출혈로 사망에 이른다. 이 비극적인 소식은 전 세계로 퍼졌고 반인륜적인 행위에 대한 비난이 쏟아졌다. 누군가의 잘못이었겠지만, 무엇보다 분단으로 비롯된 비극이었다.

장벽이 무너지면서 검문소들도 철거되었다. 그러나 분단이 얼마나 많은 비극을 가져왔는지, 전체주의는 얼마나 두려운 것인지, 통일은 어떤 지난한 과정 속에서 이루어졌는지 기록하자는 여론과 함께 체크포인트 찰리는 2000년에 복원되었다.

체크포인트 찰리의 부활은 각성과 경고를 위한 조치였다. 다른 한편으로 체크포인트 찰리가 관광명소가 된 것은 이곳만의 이야기가 있기 때문이다. 역사적 사실이고, 분노를 불러일으키는 사건이고, 두 번 다시 일어나서는 안 될 비극이라 할지라도 이야기는 사람들을 집중시키는 힘이 있다. 〈스토리텔링 애니멀〉을 쓴 인문학자 '조너선 갓셜'의 말처럼 이야기는 사람의 본능이다. 체크포인트 찰리는 분단과 비극을 상징하는 강력한 이야기다.

(3)

자기 객관화의 끝판

공포의 지형학 Topographie des Terrors

공포의 지형학은 홀로코스트를 기록한 역사박물관이다.
체크포인트 찰리처럼 포토 존도 없고, 이스트사이드 갤러리처럼
즐길 거리도 없다. 사각의 박물관 안은 전시 패널의 연속이고 패널마다
사진과 텍스트로 빼곡하다. 어찌보면 지루할 수도 있다.
그러나 공포의 지형학에 들어간다는 것은
나치와 홀로코스트의 중심으로 성큼 들어간 것이다.
그것만으로도 용기 있는 선택이다.

공포의 지형학이라는 이름은 이 박물관의 콘셉트를 완벽하게 표현하고 있다.
당시 독일을 공포에 몰아넣은 나치즘이 어떻게 작동했는지 그 메커니즘을 볼
수 있는 곳이기 때문이다. 수많은 사진과 증언, 영상으로 박제된 증거들이 방문
객들을 또 한 번 공포로 몰아넣는다. 이곳은 독일 제국 총독부(SS)와 비밀경찰
인 게슈타포(Gestapo)의 본부였던 자리다. 나치가 저지른 모든 범죄들이 계획
되고 자행됐던 곳에 그들을 폭로하고 고발하는 기억의 저장소가 생긴 것이다.

히틀러가 하루아침에 권력을 장악하고 반인륜적인 범죄를 광범위하게 저지를 수 있었던 것은 아니다. 시대적 상황과 이 기회를 포착한 히틀러와 측근들, 독일 국민들에게 깊숙이 파고든 정교한 선전 선동, 히틀러에게 독일의 미래와 희망을 보았던 광신도들이 있었다. 공포의 지형학에서 놀랐던 것은 잔인무도한 살상의 현장 사진보다 히틀러 한 사람을 전범자로 몰아가지 않는 균형이었다. 히틀러 한 사람을 '죽일 놈'으로 만들면 히틀러를 정점으로 나치즘을 작동시킨 모두가 히틀러 속에 숨게 된다. 히틀러를 총통으로 만들었다고 해도 과언이 아닌 나치당의 최고선전가 요제프 괴벨스도, 돌격대장으로서 유대인들의 학살을 수행한 아돌프 아이히만도 히틀러의 희생양 정도로 치부될 수 있다. 공포의 지형학은 홀로코스트라는 반인륜적인 범죄를 추진하고 동조한 인물들을 서늘할 만큼 냉정하게 지목한다.

히틀러를 망상에 이르게 한 당시 상황을 조금 알아보자. 1차 대전에서 패하고 막대한 전쟁 배상금의 압박 속에 놓인 독일은 극심한 인플레이션에 빠진다. 1929년 미국의 경제 대공황으로 독일은 경제적 타격을 입고 대량 실업자가 발생한다. 당시 정치권의 부패 스캔들로 지도부는 신임을 잃게 되고, 단호하고 결단력 있는 이미지로 부상하던 히틀러는 '합법적으로' 독일 총리에 오르게 된다. 시민들의 의사에 반해 쿠데타로 집권한 게 아니란 의미이다. 민주주의의 핵심 제도인 선거가 민주주의를 파괴하는, 이른바 '민주주의의 역설'의 대표 사례가 이 시기 독일에서 모습을 드러낸다. 이제 그의 무대가 갖춰진 셈이다. 히틀러가 이끄는 나치당은 집권 이후 민주주의와 법치를 파괴하고 주요 기본권을 정지시키는 등 걷잡을 수 없이 독재권력으로 치닫는다. 원래 극단주의 정치단체를 감시하기 위해 만들어진 비밀경찰 조직인 게슈타포는 이제 '합법적으로' 체포, 고문, 탄압, 즉결 처형의 권한까지 휘두르게 되면서 공포의 핵심 권력이 된다. 1934년 대통령의 사망으로 더 이상 누구도 히틀러의 전횡을 방해할 수 없었다.

Berlin

히틀러가 독일을 공포로 몰아넣은 것만으로 나치즘의 권력이 유지될 수 있었을까? 여기에는 히틀러가 강력한 독일제국을 재건할 수 있을 거라고 믿었던 수많은 지지자들이 있었다. 전시된 패널 속에는 히틀러를 환호하는 사람들의 사진이 있다. 단순한 지지가 아니라 광적인 지지다. 그의 생일에 받은 선물 상자도 한가득이다. 히틀러가 아우토반 건설 현장에서 삽을 뜨는 사진도 볼 수 있다. 전 유럽을 연결하는 엄청난 길이의 아우토반은 '새로운 독일 건설'이라는 히틀러의 계획을 보증해 주는 것으로 이용되었다. 괴벨스를 수장으로 한 나치의 프로파간다는 이렇듯 치밀하고 구체적이었다.

나치의 기둥이었던 게슈타포의 만행은 사진 속 곳곳에서 포착된다. 잔인한 학살을 저지르고 웃으며 기념사진을 찍는 모습은 이미 사람의 얼굴이 아니다. 2024년 개봉한 영화 〈존 오브 인터레스트(The Zone of Interest)〉가 떠오른다. 아우슈비츠 강제 수용소의 벽 너머에서 평화롭게 살던 간부와 그의 가족들 이야기다.

Berlin

왜 그 많은 사람들을 죽여야 했을까? 히틀러는 민족 공동체를 이상적인 사회 체제로 강조했다. 그가 말하는 민족 공동체에는 모든 독일인이 포함되지 않았다. 유대인, 장애인, 집시, 나치에 협조적이지 않은 모두가 배제되었다. 히틀러에게 이들은 어떤 수단과 방법을 동원하더라도 즉각, 전부 제거되어야 마땅한 사람들이었다. 그는 독일을 넘어 유럽을 지배하고자 했다. 베를린을 중심으로 한 제3제국. 이것이 히틀러가 죽기 직전까지 품고 있었던 '세계의 수도 게르마니아' 계획이다.

유럽으로 영토를 확장하는 것은 히틀러에게 당연한 수순이었다. 1차 세계대전 종결로 '베르사유 평화조약'을 무시하고 폴란드를 공격한 것이 1939년. 2차 세계대전의 발발이다. 치밀하게 준비했던 전쟁이었던 만큼, 독일은 승전을 거듭했다. 프랑스 파리를 차지했고 영국을 점령하는 것도 시간문제로 보였다. 일본이 하와이를 공격하며 태평양 전쟁을 일으켰던 시기다. 미국이 전쟁에 참가하며 2차 세계대전의 규모는 커졌고 판도는 조금씩 바뀌었다. 결국 미국, 영국, 프랑스, 소련의 연합국에 의해 독일은 패전을 앞두고 있었다. 히틀러는 항복하지 않았다. 벙커 속에서 자결했다. 독일은 히틀러의 자결 후에 항복했고 끝까지 항복하지 않은 일본에는 원자폭탄이 투하되었다. 히틀러를 비롯한 제국주의의 망상은 이렇게 끝이 났다.

공포의 지형학에는 입장료가 없다. 독일 자국민들은 물론 전 세계 사람들을 위해 무료로 개방한다. 교사의 인솔 하에 많은 학생들이 체험 학습을 위해 찾는 곳이기도 하다. 어린 학생들이 이 많은 사진 속 시신들을 봐도 괜찮을까 싶을 만큼 공포를 고발하는 역사 박물관. 기록은 스스로를 객관화하게 만드는 구체적인 증거다. 반인륜적인 대량 살상, 인권 유린, 유례없는 공포를 가차 없이 고발하는 곳. 공포의 지형학은 자기 객관화의 끝판이다.

추모 속으로 걸어 들어갔다

홀로코스트 추모비

Denkmal für die ermordeten Juden Europas

베를린에서 홀로코스트 추모비를 건너뛰기는 어렵다.
브란덴부르크 문에서 남쪽으로 5분 거리.
위치로나 규모로나 눈에 띌 수밖에 없다.

베를린에는 추모 관련 시설이 많아서 이름만 들어서는 어디가 어딘지 헷갈리기 쉽다. 이곳의 공식 명칭을 직역하면 '학살된 유럽 유대인을 위한 기념비'. 홀로코스트 추모비로 줄여서 부른다. 2차 세계대전 종전 50주년인 2005년에 완공되었다.

홀로코스트 추모비를 방문한 날은 잔뜩 흐린 날씨였다. 2,711개의 비석 같은 콘크리트 블록이 규칙적인 간격으로 배열된 공간을 보는 순간, 마음이 콘크리트처럼 굳어졌다. 가로(0.9m)와 세로(2.38m)가 일정한 크기의 콘크리트 블록이었지만 높이만큼은 제각각이어서 전체 추모비는 출렁이는 것처럼 마음에 동요를 일으켰다. 중심부로 갈수록 바닥은 낮아지고 블록은 높아지더니 어느 순간 콘크리트 벽에 갇힌 느낌이다. 가장 높은 블록은 4m. 블록 사이의 간격은 95cm에 불과해서 한 사람 정도가 지나갈 수 있는 정도의 폭이다. 아무것도 적혀 있지 않은 익명의 추모비들이 이렇게 위압감을 줄 수 있다는 것이 놀라웠다. 위를 올려다보니 추모비 사이로 하늘이 보였다. 하늘까지 추모비를 구성하는 요소였다.

Berlin

전후 50년이 지나서야 지어진 홀로코스트 추모비는 전 세계의 주목을 받았다. 뒤늦은 건립이라는 비판도 있었고, 과거사에 대한 성숙한 책임 의식이라는 찬사도 있었다. 과거사 반성에 대해 독일 내부에서도 한목소리는 아니었다. 1970년 폴란드를 방문한 빌리 브란트 서독 총리가 바르샤바 유대인 위령탑에서 무릎을 꿇은 행동에 대해 반대 의견도 많았고, 추모와 반성에 쏟아붓는 예산을 우려하는 입장도 있다. 그러나 갑론을박 속에서도 독일은 국가 차원에서 전쟁 범죄를 반성하고 희생자들을 추모하는 모습을 지속적으로 보여주고 있다. 그 뒤에는 지식인들을 비롯한 독일 시민들의 자발적인 노력이 있다.

홀로코스트 추모비의 필요성을 공론화한 것은 저널리스트 레아 로슈와 역사학자 에버하르트 예켈의 공이 크다. 여기에 전 서독 총리 빌리 브란트와 노벨 문학상 수상 작가인 귄터 그라스 등도 힘을 더했다. 시민들의 서명이 이어져 추모비 건립에 대한 결의안이 통과되었지만 건립까지 오랜 시간이 걸렸다.

국제 공모를 통해 미국 출신의 건축가 피터 아이젠만과 미니멀리즘으로 유명한 조각가 리처드 세라에게 설계가 맡겨졌다. 규칙적이고 반복적인 콘크리트 블록의 배열은 리처드 세라의 아이디어로 보이지만, 피터 아이젠만의 단독 이름으로 마무리되었다.

지하의 정보관은 4개의 방으로 나누어 희생자들에 대한 구체적인 정보를 기록해 놓았다. 홀로코스트로 희생된 유대인의 숫자는 600만 명이 넘는다고 한다. 희생된 수많은 이름과 가족, 그들이 남긴 일기와 편지 등을 통해 우리는 구체적인 희생자들을 만날 수 있다. '희생당한 유대인'이라는 추상적 대상이 아니라 공포와 절망이라는 감정을 가졌던 개별적인 희생자들을 추모하게 된다.

홀로코스트 추모비는 많은 생각을 던져주었다. 베를린 시내 중심에 세운 것, 콘크리트 블록에 아무런 글자도 새기지 않아서 해석을 열어놓은 것, 무엇보다도 단순 관람이 아니라 직접 경험할 수 있는 공간으로 설계한 것까지. 뛰어다니든, 사진을 찍든, 묵념을 하든 미로 같은 추모비 속으로 걸어 들어가는 것만으로 우리는 적극적인 추모를 경험한 것이다. 그것만으로 홀로코스트 추모비는 주목할만하다.

5

광장은 지켜보고 있었다

베벨 광장 BebelPlatz

베벨 광장은 조각배 모양의 조형물들이 전시 중이었다.
마침 바람이 불고 비가 부슬부슬 뿌리는 날씨라
배들은 마치 항해 중인 것처럼 이리저리 흔들렸다.

모래주머니로 고정을 시켰지만 조각배들은 휘청거렸다. 행사에 참여한 사람들이 농담을 주고받으며 옆으로 누운 배를 바로 세웠다.

조각배들이 내세우는 메시지는 다양했다. '휴머니티'라고 적힌 배에는 구명조끼가 있었고, 지구 다른 곳에서 벌어지고 있는 전쟁을 반대하는 배도 있었다. 난민을 받아들이자고 목소리를 내는 배도 있었고, 지구 환경을 이야기하는 배도 있었다. 그때 아는 독일어가 눈에 들어왔다. Freiheit(프라이하이트). 자유라는 단어다.

유쾌한 시위 혹은 소셜 이벤트가 벌어지고 있는 이곳은 베벨 광장이다. 훔볼트 대학의 맞은편에 위치하고 있다. 정면에 보이는 건물은 훔볼트 대학의 법과대학 본부다. 유럽의 서랍장인 코모데(comode)를 닮았다고 해서 코모데 건물이라는 애칭으로도 불린다. 바로크 양식의 4층 건물로 보이지만 실제 내부는 2개 층으로 구분된다.

1933년 5월, 이 광장에서 기괴한 일이 일어났다. 같은 해 1월에 총리가 된 히틀러는 '독일의 민족적 재건과 국민 계몽'을 내세우며 2만여 권의 책을 불태우는 만행을 저질렀다. 책의 화형식을 주도한 것은 독일제국의 선전 책임자 요제프 괴벨스였고, 집행한 것은 나치당을 지지하는 극우파 대학생들이었다. 극우파 대학생들은 나치당이 지정한 '비독일적 사상'을 담은 책들을 도서관에서 끌어내 횃불을 치켜들고 선동가를 부르며 책에 불을 붙였다. 괴벨스는 과거의 악령을 불태우는 행위라는 말로 기름을 부었고 인류의 지성은 잿더미가 되었다.

그들이 과거의 악령이라고 낙인찍은 책은 카를 마르크스, 지그문트 프로이트, 알버트 아인슈타인, 하인리히 하이네 등 유대인 석학들의 저서뿐 아니라 토마스 만, 베르톨트 브레히트, 에밀 졸라, 프란츠 카프카 등 세계적 문인 140여 명의 저작들이었다. 베벨 광장에서의 '분서갱유'는 독일의 다른 지역으로 마른 들풀에 불이 옮겨붙듯 퍼져나갔고 유대인들을 비롯한 지식인들의 탄압과 망명이 이어졌다. 망명을 떠난 많은 지식인들이 보복을 당했고, 일부는 괴로움을 견디지 못해 자결했다. 극작가 베르톨트 브레히트는 〈분서〉라는 시를 통해 화형을 모면한 저자의 수치를 역설적으로 표현했다.

위험한 지식이 담긴 책들을

공개적으로 불태워 버리라고 이 정권이 명령하여,

곳곳에서 황소들이 끙끙대며

책이 실린 수레를 화형장으로 끌고 왔을 때,

가장 뛰어난 작가의 한 사람으로서 추방된 어떤 시인이

분서목록을 들여다보다가

자기의 책들이 누락된 것을 알고 깜짝 놀랐다.

그는 화가 나서 나는 듯이 책상으로 달려가,

집권자들에게 편지를 썼다.

나의 책을 불태워다오! 그는 신속한 필치로 써내려갔다.

나의 책을 불태워다오! 그렇게 해다오!

나의 책을 남겨 놓지 말아다오!

나의 책들 속에서 언제나 나는 진실을 말하지 않았느냐?

그런데 이제 와서 너희들이 나를 거짓말쟁이처럼 취급한단 말이냐!

나는 너희들에게 명령한다.

나의 책을 불태워다오!

베르톨트 브레히트 〈분서〉 전문

발악에 가까운 나치 정권의 사상 탄압은 베벨 광장에 상처를 남겼다. 야만스러운 사건이 일어난 지 60년 만에 광장의 중심부에 도서관이 지어졌다. 그날 불태워졌던 2만여 권의 책을 소장할 수 있는 크기의 지하 도서관이다. 들여다본들 책은 한 권도 없이 텅 비어 있다. 비가 오거나 흐린 날씨라면 도서관이 있는 자리도 찾기 힘들다. 그러나 화형식이 있었던 야만적인 밤처럼, 밤이 되면 지하에서 새어 나온 불빛이 사람들의 시선을 끈다. 이스라엘 출신의 예술가 '미샤 울만'의 작품이다. 지상에는 서정시로도 유명한 유대계 독일 문인인 '하인리히 하이네'의 희곡 〈알만조르〉의 대사 일부가 동판에 새겨져 있다. "책을 불사르는 것은 단지 시작일 뿐이다. 결국 인간을 불태우게 된다." 15세기 말 스페인에서 종교 갈등으로 인해 코란이 불태워지는 장면을, 하이네는 주인공 알마조르의 입을 빌려 통탄했다. 놀랍게도 하이네는 한 세기 전에 이미 홀로코스트를 예언한 셈이 되었다. 그리고 그의 책들도 이 광장에서 불태워졌다.

베벨 광장 지하의 도서관은 책을 소장하고 있지 않다. 그 대신, 책을 불 태우는 것은 인류의 지성을 부정하고 문명에 불을 지르는 행위와 같다는 경고와 교훈을 소장하고 있다.

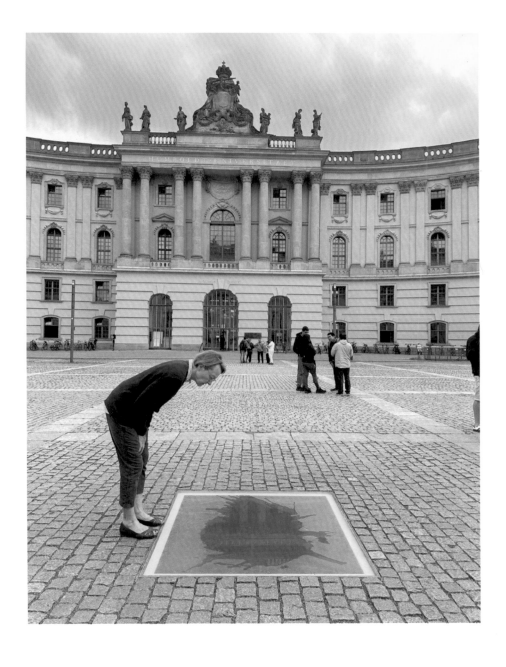

6

몇 겹의 이야기를 가지고 있는 곳

카이저 빌헬름 기념교회 Kaiser Wilhelm Gedächtniskirche

카이저 빌헬름 기념교회(이하 빌헬름 교회)는 베를린의 중심가인 쿠담 거리, 브라이트샤이트 광장에 있다. "2차 세계대전에 폭격을 받아 부서진 교회야." "전쟁의 참상을 기록하기 위해 폐허가 된 채로 둔 거래." 각자가 알고 있는 정보를 주고받으며 사진 몇 장을 남기는 걸로 빌헬름 교회를 벗어날 수 있다. 여행은 선택과 집중이니까 모두가 '썩은 이'처럼 부서진 교회에 집중해야 하는 것은 아니다. 그러나 빌헬름 교회를 선택했다면 이 교회는 책 한 권 분량의 이야기를 들려줄 것이다. 말하자면 빌헬름 교회는 역사, 심리, 전쟁, 종교, 건축, 예술 등 다양한 인문학의 스펙트럼을 보여준다. 보겠다는 의지만 있으면 충분하다. 괜한 긴장은 하지 마시길.

빌헬름 교회가 세워진 목적은 그 이름 안에 있다. 프로이센 왕국의 카이저 빌헬름 2세가 그의 할아버지인 빌헬름 1세의 치적을 기념하기 위해 1895년에 세운 교회다. 카이저 빌헬름 1세는 비스마르크를 수상으로 등용하여 강력한 프로이센군을 정비했다. 오스트리아를 격파하고 프랑스와의 전쟁에서 대승을 거두었으며, 나아가 통일과 함께 독일 최초의 황제가 된 사람이다. 빌헬름 2세는 할아버지인 빌헬름 1세를 따르고자 했다. 여기에 심리학이 끼어든다.

빌헬름 2세는 불우한 유년 시절을 보냈다. 한쪽 팔이 짧은 장애를 갖고 태어났는데, 빌헬름 2세의 어머니는 난산 끝에 낳은 아들에게 장애가 있다는 사실을 받아들이지 못하고 아들을 수치스럽게 여기며 심하게 학대했다고 한다. 모자의 관계는 증오 그 자체였다. 영국계였던 어머니에 대한 증오는 어머니의 나라인 영국에 맞서고 싶다는 생각에 이르게 했다는 것이다. 확인할 길은 없고 공식적이지도 않은 가설이다. 그러나 그가 독일 해군을 창설하고 증강한 것이 당시 해상에서 압도적 지위를 갖고 있던 영국을 자극한 것은 사실이다. 빌헬름 2세가 1차 세계대전을 일으키며 대외적인 정복욕을 가졌던 것을 유년 시절의 결핍과 인정욕으로 해석하는 것도 흥미로운 가설이다.

Berlin

빌헬름 2세가 독일 통일의 위업을 이룬 할아버지를 기념하기 위해 만든 이 교회는 2차 세계대전 당시 영국군의 공습으로 크게 훼손되었다. 원래 113m 높이의 건물은 꼭대기 종탑 부분이 무너져 71m만 남았고 예배당도 회복 불가능한 상태로 파괴되었다. 방치되어 있던 교회는 안전상의 문제로 공사가 불가피했다. 공모를 통해 독일의 유명한 건축가 '에곤 아이어만'이 설계를 맡게 됐다. 에곤 아이어만의 아이디어는 붕괴 위험성이 있는 구 건물을 철거하고 새 교회를 짓는 것이었다. 그러나 전쟁의 참상을 알리고 참혹함을 기억하자는 시민들의 목소리가 커지자 폐허가 된 종탑은 그대로 보존하기로 했다. 대신 그 옆에 육각형의 종탑과 팔각형의 새로운 예배당을 세웠다. '썩은 이'(베를리너들이 부르는 애칭)처럼 흉물스러운 첨탑 교회 옆에 팔각형 예배당이 나란히 서있는 독특한 풍경은 이렇게 완성되었다.

파손된 빌헬름 교회 1층은 기념관으로 이용되고 있다. 폭격 이전의 모습과 주변 건물들을 재현한 모형과 사진 등을 전시하는 한편, 빌헬름 2세 시절에 설계된 원형 건축물의 미학도 강조한다. 네오 르네상스 건축양식으로 축조된 건축물은 아치와 기둥, 높은 천장을 가득 채운 종교화로 사람들의 눈길을 사로잡는다. 외벽의 수많은 총탄 자국은 총알을 온몸으로 받아낸 교회의 의연함을 보여주는 것 같다. 폭격의 흔적이 남아있는 구관은 새로 지어진 화려한 유리 예배당과 극대비를 이룬다.

신관은 높이 20m에 천여 명 이상을 수용할 수 있는 단층 건물이다. 내부로 들어가면 파노라마로 펼쳐진 파란빛의 스테인드글라스에 얼어붙는 느낌이다. 스테인드글라스는 파란색을 기본으로 하되 루비 레드, 에메랄드 그린, 사파이어 옐로우가 섞여 있어 근경으로도 원경으로도 오묘하다. 예배당의 제단에는 '칼 헴메터'가 디자인한 황동 예수상이 걸려있다. 제단의 반대편에는 5천여 개의 파이프로 만든 오르간이 있다.

우리는 지금 1800년대의 건축물과 에곤 아이어만의 설계를 통해 건축학을 이야기하면서 예술을 감상하고 있다. 이 모든 것이 인문학의 영역이다. 만약 빌헬름 교회에서 종교로 관심이 옮겨간다면 독일에서 일어난 종교개혁으로 인문학의 영역이 확장될 수 있다. 카톨릭 교회가 발행하던 면죄부를 마르틴 루터가 95개 조항으로 반박하면서 종교개혁이 시작되었고 그렇게 개신교가 탄생했다. 빌헬름 교회는 개신교 교회다.

베를린 쿠담 거리에 있는 빌헬름 교회는 이렇게 인문학의 집합체다. 2차 대전의 폭격 흔적에 집중할 수도 있고, 신 예배당의 스테인드글라스에만 집중할 수도 있다. 다시 강조하지만 여행은 선택과 집중의 경험이니까. 그러나 빌헬름 교회라는 카드는 한 장이 아니라 아코디언처럼 펼쳐지는 인문학의 입체 카드라는 점이라는 것. 보는 사람의 관점에 따라 건물은 접히기도 하고 펼쳐지기도 한다.

7

비극은 비극으로 기록되어야 한다
베를린 장벽 기념관 Gedenkstätte Berliner Mauer

베를린 곳곳에는 아직도 장벽이 남아있다. 이스트사이드 갤러리의 장벽이 예술과 자유로 승화되어 여행자들이 사진으로 담아 가는 곳이라면, 베르나우어 거리의 장벽은 비극의 기록을 있는 그대로 남겨둔 곳이다. 베를린의 장벽을 이해하기 위해서는 패전 후 독일의 역사를 조금 살펴볼 필요가 있다. 분단이라는 강제적 단절은 우리에게 익숙한 상황이지만, 베를린 분단에는 베를린만의 특별한 서사가 있다.

독일이 항복을 선언한 이후 영국, 프랑스, 미국, 소련은 패전국인 독일의 통치를 논의한다. 영국, 프랑스, 미국으로 구성된 연합국이 서독을, 소련이 동독을 분할 통치하기로 결정했지만 베를린만큼은 뜨거운 감자로 남았다. 베를린은 지리적 위치로 보면 소련 지배하에 들어갈 상황이었지만 수도를 소련에게 내주는 것에 연합국이 반대하면서 베를린도 동서로 나누어 분할 통치하기로 한 것. 냉전 체제로 접어들면서 이렇게 베를린은 동독 속에 고립된 자유진영의 섬이 되었다.

장벽이 세워진 건 그 이후다. 동독 지역 사람들이 서독으로 탈출하면서 동독 체제에 위협이 될 만큼 젊은 층을 비롯한 인구 유출이 가속화됐다. 베를린은 동독 지역 사람들이 서독으로 탈출을 시도할 수 있는 유일한 통로였다. 1961년까지 탈주한 동독인은 약 350만 명. 당시 동독 전체 인구의 약 20%에 해당하는 숫자였다.

급격한 인구 감소와 소련 체제에 불만을 가진 고학력층 지식인들이 동독을 빠져나가자 소련은 위협을 느끼고 장벽을 세우기로 결정한다. 1961년 8월, 동독 초대 서기장 발터 울브리히트의 지시로 전국의 군부대와 청년들이 비상 동원되어 며칠 만에 장벽을 건설했다. 서베를린 전체를 에워싼 장벽의 길이는 총 155km나 된다.

Berlin

역사적인 배경 지식은 여기까지면 충분하다. 우리가 둘러볼 베르나우어 거리의 베를린 장벽 기념관은 머리가 아니라 가슴으로 이해하면 되니까. 베를린 장벽 기념관에 도착했을 때 기념관이 어디 있는지, 어디부터가 기념관인지 어리둥절했다. 공원처럼 평화로운 이곳은 60년 전만 해도 생사를 가르는 살벌한 경계선이었다.

고층 건물의 창문에서 뛰어내리기도 하고, 지하로 굴을 파서 탈출을 시도하는 사람들이 늘어날수록 장벽 주변의 경계는 더욱 삼엄해졌다. 동독 정부는 장벽을 따라 수백 개의 감시 탑과 이중 삼중의 차단 벽, 감시 벙커, 수백 km에 이르는 전기 감지 장치, 차량 방어용 도랑을 만들고 경비견을 동원했다. 발각되는 탈주자는 즉각 사살되었다. 베르나우어에 있는 베를린 장벽 기념관에는 당시의 이중 장벽과 감시 망루 등이 남아 있다. 기념관 일부인 문서센터에는 장벽이 세워진 1961년부터 장벽이 무너진 1989년까지의 구체적인 비극이 고스란히 보존되어 있다.

주택가 한복판에 장벽이 세워지면서 유난히 탈주자와 희생자가 많았던 지역. '기억의 창'이라는 이름의 부식된 철벽에는 희생된 민간인 130여 명의 사진이 붙어있다. 누군가의 아버지, 누군가의 딸, 누군가의 어린 손자들이었을 것이다.

'화해의 교회'는 여행자들이나 베를린 외지인들이 베르나우어 지역을 찾는 이유 중 하나다. 원래 이 지역에는 1892년에 설립되어 동네 주민들이 오래 전부터 다니던 첨탑 교회가 있었다. 장벽이 세워지기 전까지 이 교회 신자의 90%는 서베를린 사람들이었다. 장벽에 막혀 교회를 다닐 수 없게 된 서베를린 주민들은 번거로운 통과 절차에도 불구하고 이 교회를 다녔다. 그러나 이 교회가 동베를린 사람들이 탈출을 시도하는 통로로 이용된다는 논란에 휩싸이자 동독 정부는 1985년, 이 유서 깊은 교회를 하루 아침에 폭파시켰다.

현재의 교회는 2000년에 지어진 것이다. 공모를 통해 '페터 자센로트'와 '루돌프 라이터만'이 설계했다. 7m 높이의 타원형 교회는 전나무 루버로 된 외관이 눈길을 사로잡는다. 조금 더 알고 나면 점토로 만든 내벽에 한 번 더 눈길이 간다. 부서진 교회의 잔해에서 수거한 흙을 건축 재료로 사용했다고 한다.

화해의 교회는 화요일부터 금요일까지 정오에 15분간 희생자를 위한 기도 시간을 갖는다. 교회를 복원한 위치, 건축물의 구조와 재료 그리고 추모 의식에 이르기까지 화해의 교회는 종교의 역할에 대해 조용하지만 묵직한 생각거리를 던져준다.

교회를 나서면 나지막한 높이의 조각상 하나가 눈에 들어온다. 〈재회〉라는 제목의 이 작품은 남녀가 무릎을 꿇은 채 부둥켜안고 있지만 하체의 거리감 때문에 반만 껴안은 느낌이다. 두 사람이 밀착되어 있다면 환희의 감정을 불러일으켰을 텐데 엉거주춤한 자세 때문에 많은 감정을 불러일으킨다. '만났지만 서로를 완전히 포용하고 있는가'라는 질문을 던져주는 듯하다.

주위를 둘러보면 장대같이 긴 철골이 이어져 있다. 장벽이 서있던 자리를 표시한 철골이다. 철골 주변을 걷다 보면 바닥에 박혀 있는 손바닥 크기의 동그란 황동판을 발견할 수 있다. 황동판에는 이름과 날짜가 적혀 있다. 같은 날짜 다른 이름도 있다. 같은 날 장벽을 넘다가 희생된 사람들이다. 이곳뿐 아니라 베를린 곳곳에는 이름과 날짜가 적힌 황동판이 길 곳곳에 박혀 있다. 과거의 비극과 희생이 일상의 길 위에 있다. 공원과 거리, 기념관 어디에서도 성숙한 기록문화를 만날 수 있다.

공원 형태의 기념관을 돌아 나올 때 공동주택 외벽의 거대한 그
라피티가 보였다. 살을 베는 듯한 즉각적인 고통이 느껴지는 그
림이었다. 어떻게 이들은 비극을 정면으로 볼 수 있을까? 어떻
게 이런 과격한 표현이 사회적으로 수용될 수 있을까? 이들의
용기는 어떻게 만들어졌을까?

Berlin

(8)

강철은 단단하지만 울림이 있다
베를린 유대인 박물관 Jüdisches Museum Berlin

설계도면 상으로는 유대인을 상징하는 다윗의 별 모양이었다.
그러나 건물로 실현하기에는 불가능했다.
지그재그 형태의 다층 건물을 짓는 것은 공상에 가까웠다.
1989년 유대인 박물관을 짓기 위한 설계 공모전에서 '다니엘 리베스킨트'의
아이디어가 당선되었을 때 전문가들은 술렁거렸다고 한다. '이게 가능하다고?'

2001년 유대인 박물관이 개관했다. 설계도면 그대로였다. 리베스킨트는 은색 티
타늄과 아연 등의 철재를 사용하여 해체주의적 디자인의 건물을 완성시켰다. 유
대인 박물관은 홀로코스트 희생자들의 추모공간이라는 공간의 목적을 완벽하
게 구현했을 뿐 아니라, 유대인에게 가해진 박해를 온 몸으로 체감할 수 있도록
만든 기념비적인 건물이다. 폴란드 출신의 유대인, 리베스킨트에게 홀로코스트
는 먼 주제가 아니었다. 미국에서 활동 중이지만 유대인의 피가 흐르는 건축가
다. 그는 유대인의 심정을 건축으로 대변했고, 유대인 박물관의 완공으로 세계적
인 건축가가 되었다.

유대인 박물관은 프로이센 왕실의 법원이었던 바로크 양식의 구 건물과 리베스
킨트가 설계한 신 건물로 이루어져 있다. 구 건물로 입장해서 지하로 내려가면 리
베스킨트가 설계한 공간이 나온다.

지하는 세 개의 직선이 교차하는 구조로 되어 있다. '연속의 축', '망명의 축', '홀
로코스트의 축'을 따라 미세하게 경사진 바닥과 사선의 통로, 어두운 조명이 불
안감을 고조시킨다. 멀리서 철문을 여닫는 소리마저 온몸의 신경을 곤두세운다.

Berlin

'홀로코스트 타워'의 육중한 철문을 열면 '끼익'하는 소리에 솜털이 곤두선다. 24m 높이의 콘크리트 탑에 들어왔다. 햇살이 가느다란 선으로 공간에 들어오지만 제한된 틈으로만 하늘이 허락된다. 한쪽 벽에 붙어있는 사다리는 장신의 키로도 닿을 수 없는 높이에 있어 희망 고문이나 다름없다. 만약 잠시라도 갇힌다면 무력감이나 불안이 엄습할 것이다. 죽음이나 고문, 이별. 어떤 것이 기다리고 있을지 알 수 없는 당시 유대인에게는 극도의 공포감이 덮쳤을 것이다.

망명의 축을 따라가면 '망명의 공원'이 나온다. 늘 어디론가 이주하고 떠돌아야 하는 유대인의 상황이 투영되어 있다. 야외 정원으로 통하는 문에 '위험을 감수하고 정원으로 들어가세요'라는 경고 문구가 보였다. 콘크리트 기둥이 늘어서 있고 기둥 위로 올리브 나무가 보이는 정원이었다. 몇 발자국 걷자마자 위험을 느꼈다. 땅은 평평하지 않았고 기둥 자체도 사선으로 기울어져 있었다. 49개의 기둥 사이를 걷다 보니 현기증이 날 지경이었다. 기둥을 지탱하고 서 있는 것조차 힘들어서 빨리 이곳을 벗어나고 싶었다. 안정감 있는 곳에 정착하고 싶은 유대인의 심정이 이런 것이었을까? 팔레스타인에서 재현되고 있는 배타적 민족주의의 잔혹함에 비판적이지만, 이곳에서만큼은 이들의 오랜 불안감에 공감하지 않을 수 없었다. 유대인들에게 올리브 나무는 평화와 희망을 상징한다. 그러나 높은 기둥 위에 잎을 드리우고 있는 올리브 나무는 손에 닿지 않는다. 평화와 희망을 기원하지만 잡을 수 없는 상태다. 망명의 '공원'이라는 단어 조합이 잔인하게 느껴졌다.

또 하나 강렬한 경험이 남아있다. 이스라엘 작가 '메나쉐 카디쉬만'의 〈떨어진 잎〉이 있는 곳. 홀로코스트로 희생당한 사람들의 얼굴을 상징하는 수많은 주철 조각들이 바닥에 깔려 있다. 얼굴 크기도 제각각 다르고 표정도 다르다. 작은 얼굴은 갓난 아기의 얼굴만큼 작다. 순진무구한 표정, 절규하는 표정, 고통으로 일그러진 표정까지 철조각은 생명을 가진 것처럼 생생하다. 얼굴 위를 밟고 지나가면 죄책감에 발가락이 오그라들고, 다른 쪽 발이 디딜 곳을 찾지 못해 자세는 엉거주춤해진다. 걸을 때마다 수직으로 텅 비어 있는 공간에 소리가 울려 퍼져 죄책감을 증폭시킨다. 누구나 가해자가 될 수 있다는 것을 온몸으로 체험하게 한다. 길이 있어서 걸어갔을 뿐, 밟으라고 해서 밟았을 뿐이라는 변명을 들이대면 우리는 선량한 가해자, 순진한 가담자가 될 수 있다. 〈예루살렘의 아이히만〉에서 한나 아렌트가 '악의 평범성'이라는 말로 고발했듯이. 누구나 자신의 의도와 달리 악의 편에 설 수 있다는 주장은 경계할만하다.

Berlin

히틀러를 정점으로 한 나치 정권은 홀로코스트라는 범죄를 저질렀지만 반유대주의가 나치에 의해서 생겨난 것은 아니다. 반유대주의는 오래된 차별과 증오의 집단 기억이고, 히틀러는 독일의 순수 혈통을 강조하며 반유대주의 정서를 부추기고 악용했을 뿐이다.

유대인들은 전 세계에 흩어져 살지만 그들의 문화를 유지하며 유대인으로서 자존감을 지키고 있다. 베를린 유대인 박물관은 홀로코스트 희생자로서 유대인을 조명하는데 그치지 않고 그들의 역사와 언어, 문화, 관습을 조망할 수 있는 전시공간을 마련하고 있다. 2층에는 유대인, 유대교를 위한 대규모 자료가 전시되어 있다.

박물관을 나와 멀찍이 서서 건물을 다시 보았다. 규칙성을 해체하고 티타늄과 아연으로 입힌 은색 건물에는 손톱으로 할퀸 것처럼 날카로운 사선의 창문이 보였다. 철문의 '끼이익' 소리와 바닥에 깔린 주철 얼굴들이 내던 '철거덕' 소리가 환청처럼 들리는 듯했다. 청각 경험은 이렇게 날카롭다. 왜 금속을 주재료로 했는지 조금 알 것 같은 느낌. 철은 강하지만 공명하는 힘도 크다.

BERLIN

Insight

예술

정교한 리노베이션으로 건축물부터 감상하게 되는 베를린 신 박물관,

바우하우스 건축양식에 충실한 노이에 내셔널 갤러리,

기획전마다 얼굴을 갈아 끼우는 그로피우스 바우,

함부르크행 기차역이었던 함부르크 반호프 미술관,

성당에서 미술관으로 변신한 쾨닉 갤러리,

킨들 맥주의 양조장이었던 킨들 현대 미술센터,

현대 미술 신(scene)에 주목할 수 있는 베를린 주립미술관,

그리고 전시 스케일에 놀랐던 베를린 국립회화관을 선정했다.

더 많은 박물관을 소개하지 못해서 아쉽기만 하다.

Berlin

보이는 것과 보이지 않는 것

베를린 신 박물관
Neues Museum Berlin

박물관섬에서 뮤지엄을 한 곳만 선택하는 것은 어려운 문제다. 선택지는 공사 중인 페르가몬 신전을 제외하면 네 곳. 어디를 소개하는 게 좋을지 고민 끝에 베를린 신 박물관(이하 신 박물관)으로 정했다. 두 가지 이유다. 하나는 2차 세계대전 당시 베를린 공습으로 폐허가 된 신 박물관이 어떻게 지금의 형태로 복원됐는지 비하인드 스토리를 공유하고 싶었고, 다른 하나는 신 박물관이 소장하고 있는 고대 이집트 유물에 대한 단상을 공유하기 위해서다.

1940년에서 1945년까지 미국을 비롯한 연합국은 베를린에 엄청난 폭격을 쏟아부었다. 박물관섬에서 가장 큰 피해를 입은 곳이 신 박물관이었다. 유물은 대피시켰지만 건물은 외벽만 남다시피 처참하게 부서졌다. 패전과 분단 후, 동독 점령 하에 있었던 신 박물관은 50여 년간 폐허로 방치되었다.

신 박물관 복원은 1997년 국제 공모를 통해 건축가 '데이비드 치퍼필드'가 맡게 되었다. 전쟁으로 파괴된 역사적인 건물. 복원 프로젝트를 앞두고 치퍼필드는 얼마나 많은 고민을 했을까? 신 박물관이라는 이름에 걸맞은 새로운 건물로 부활시킬 수도 있었을 것이다. 과거의 상처를 치유하고 독일인의 자존심을 회복시키는 명분이 있을 테니 말이다. 무엇보다 건축가로서 치퍼필드 자신의 존재감도 드러낼 수 있었을 것이다.

그러나 치퍼필드는 철저히 자신을 지우고 원래의 구조에 충실한 복원을 선택했다. 어떤 부분을 살리고, 어떤 부분에 연속성을 부여할지, 어떤 부분에 현대적 미감을 더할지 신중하게 선택하면서 아마도 치퍼필드는 영혼을 갈아 넣었을 것이다. 이렇게 수많은 정치적, 기술적, 미학적 고려 끝에 완공된 신 박물관은 역사와 현재가 공존하는 건물로 부활했다. 건물 외벽의 총탄 자국은 그대로 두고, 중앙의 계단 구조는 살리면서 대리석을 섞은 재료로 현대적인 미감을 더했다. 11년의 복원 과정을 거쳐 2009년에 완공된 박물관은 치퍼필드를 세계적인 건축가의 반열에 올려놓았다. 그리고 건축물을 인류의 유산으로 접근하는 치퍼필드의 세계관은 2023년 건축계의 노벨상으로 불리는 프리츠커상으로 인정받는다.

치퍼필드는 신 박물관 프로젝트를 진행하는 과정에서 박물관섬의 5개 박물관들을 잇는 '제임스 시몬 갤러리' 설계를 의뢰받게 된다. 제임스 시몬은 신 박물관에서 가장 상징적인 유물인 이집트 여왕 '네페르티티' 흉상을 기부한 사람이기도 하다. 제임스 시몬 갤러리는 5개 박물관을 연결하여 '고고학적 산책'을 표방한 프로젝트로, 박물관섬의 메인 로비 같은 역할을 한다. 2019년에 완공된 비교적 최근 건물이다. 이 건물에서도 맥락을 존중하는 치퍼필드의 설계는 여전히 돋보인다.

치퍼필드의 설계로 복원된 신 박물관 구조를 충분히 감상했다면 이제 내부로 들어 가 보자. 신 박물관은 고대 이집트 유물을 주요 콘텐츠로 소장하고 있다. 선사시대 초기의 유물을 포함하여 소장품은 무려 6천여 점에 달한다.

이집트 예술에는 한 번에 알아볼 수 있는 이집트 예술만의 특징이 있다. 정형성 때 문이다. 가령, 사람을 그린 회화 작품을 보면 얼굴은 측면, 눈은 정면, 몸통은 정면, 팔다리는 측면이다. 특징을 가장 잘 나타낼 수 있는 각도를 선택한 결과다. 그 외 에도 '이집트 예술?' 하면 떠오르는 것들이 있다. 상형문자, 파피루스, 파라오, 피라 미드, 사후세계, 미라…. 여기서 더 나갈 수 있다면 이집트 문명과 예술에 대한 상 식이 평균 이상인 분이다. 박물관은 우리의 상식과 관심을 확장할 수 있는 곳이다. 몇 개의 지식과 몇 개의 감탄과 몇 개의 질문을 가지고 나올 수 있다면 박물관에 갈 이유는 충분하다.

고대 이집트는 기원전 3200년 경부터 기원전 330년 무렵까지 약 3천 년간이나 지속되었다. 인류 4대 문명 중 하나를 이끈 주역이다. 상형문자를 쓰고, 배를 만들고, 크고 화려한 장식품을 남겼으며, 사후에 육신이 부패하지 않도록 미라를 만들고, 왕의 무덤을 피라미드로 축조했다. 놀랍게도 기원전에 말이다.

신 박물관을 둘러보면서 처음 얼마간은 당혹감의 연속이었다. 정교하게 세공된 장식류, 정확한 비율의 조각상, 돌에 새겨진 부조 작품 등을 보고 전시품의 옆에 붙어있는 추정 연도가 실감이 나지 않았다. 기원전 200년이라든가 300년이라든가 숫자를 보고도 믿기지 않았다. 우리가 그리스 로마의 예술에는 권위를 부여하면서 인류의 문명을 이끈 고대 이집트에는 다른 평가 잣대를 가지고 있는 건 아닌지 생각해 볼 일이다.

고대 이집트 문명의 중심에는 나일강이 있었다. 나일강의 범람을 통제하기 위해 왕의 권위가 필요했고, 정치와 종교가 통합되면서 왕인 파라오는 신격화되었다. 왕은 신적인 존재였고 사후에 신으로 돌아간다고 믿었기 때문에 고대 이집트인들은 영혼의 집인 무덤을 중시했다. 사후에 불완전한 상태로 돌아가지 않도록 정면과 측면이 혼합된 기법으로 인물을 묘사했다. 당시 예술품들은 파라오의 강력한 권위를 드러내는 수단이었다. 고대 이집트는 엄격한 계급 사회였고 절대적인 권력은 왕인 파라오에게 집중되었다.

신 박물관의 '스타'를 소개할 차례다. 신 박물관의 소장품 중에서 가장 인기 있는 것은 여왕 '네페르티티'의 흉상이다. 기업가이자 컬렉터인 제임스 시몬이 기증한 것으로, 네페르티티 흉상만큼은 사진촬영이 엄격히 통제된다. 이 슈퍼스타는 단독 관에 전시되어 있고 경비원이 매의 눈으로 감시하고 있다.

네페르티티는 고대 이집트 왕조의 10대 왕인 아크나톤의 부인이다. 아크나톤은 다신교의 전통을 거부하고 태양신인 아톤을 유일신으로 숭배한 왕이다. 그러나 곧 가면으로 유명한 투탕카멘 왕에 의해 이집트는 다신교로 되돌아간다. 네페르티티는 투탕카멘의 이모이자 양어머니로 알려져 있다. '미녀가 오다'라는 뜻의 네페르티티는 고대 이집트 최고의 미인으로 전해진다. 높이 50cm의 이 석회암 조각은 그 채색도 매우 화려하다. 갈색 피부에 갸름한 얼굴, 긴 목의 미인상이다. 높은 콧대와 살짝 들어간 볼, 선명한 턱 선과 긴 목의 섬세한 근육 묘사가 놀랍다. 왼쪽 눈동자가 없어서 더 신비롭게 보였다. 1912년 독일 고고학 연구단이 나일강 주변에서 발굴했다고 한다. 독일로 반출된 과정이 국제적 이슈가 되고 있는 것도 사실이다. 이집트는 끊임없이 반환을 요구하고 있지만 독일은 대응하지 않고 있다. 네페르티티 흉상은 유명세를 치르는, 신 박물관의 아이콘이다.

박물관에는 보이는 것과 보이지 않는 것이 있다. 보이는 것은 전시, 보이지 않는 것은 맥락이다. 전시된 것을 보기 위해 찾는 곳이 박물관이지만, 박물관이 지어진 맥락과 박물관에 소장된 작품들이 갖는 맥락까지 볼 수 있다면 박물관의 주인공은 내가 될 수 있지 않을까? 박물관에서 지식과 감탄, 의문을 함께 가지고 나올 수 있는 방법이다.

'Less is more'

노이에 내셔널 갤러리
Neue Nationalgalerie

노이에 내셔널 갤러리(이하 노이에 갤러리)는 20세기 모더니즘의 전형을 볼 수 있는 곳이다. 우리에게는 '신 국립 박물관'으로 알려져 있다. 건축과 가구 디자인에 관심이 많은 사람이라면 '루트비히 미스 반 데어 로에'(이하 미스)가 설계했다는 사실만으로도 노이에 갤러리를 놓치지 않을 것이다. 우선 그의 건축물을 감상해보자. 갤러리 외관은 강철과 유리를 사용하여 수평 지붕과 기둥으로 단순함을 살렸고, 사방의 벽면을 유리로 마감하는 '커튼월'(curtain wall) 기법을 통해 내부와 외부의 경계를 자연스럽게 무너뜨리며 개방감을 극대화했다. 전체적으로 '바우하우스'(Bauhaus) 건축 양식이다.

노이에 갤러리를 제대로 감상하기 위해서는 바우하우스 이야기를 생략할 수 없다. 바우하우스는 1919년부터 1933년까지 불과 14년간 존재했던 작은 규모의 종합 예술 학교였지만 그 영향력은 100년이 넘는 지금까지 지속되고 있다. 바우하우스에 관한 '벽돌 책'들도 많다. 바우하우스에 대한 심도 있는 이야기는 그 책들의 몫이고 여기서는 단순하고 실용적으로 접근해 보자.

1919년 독일 바이마르 지역에 바우하우스를 설립한 것은 건축가 발터 그로피우스다. 그는 허례허식이 넘치고 장식적인 기존의 디자인과 과감하게 결별하고, 단순하고 실용적인 미학을 지향했다. 그 중심에는 건축이 있었다. 그는 모든 조형 예술의 궁극적인 목표는 건축이라고 선언할 만큼 모든 창조적 활동을 건축의 집, 즉 바우하우스 안에 넣고자 했다.

1925년에 바우하우스는 데사우로 이전을 하게 되고 예술과 과학 기술의 결합을 적극적으로 시도하였다. 그래픽 디자인, 제품 디자인, 수공예, 타이포그래피 등 모든 조형 예술이 바우하우스의 교과 과정으로 수용되었고, 단순한 기하학과 기능적 미학을 살린 디자인은 바우하우스의 스타일로 자리 잡았다. 바우하우스는 데사우에서 전성기를 맞았다. 지금도 바우하우스 건물을 보기 위해 베를린에서 1시간 반 거리의 데사우를 찾는 사람들이 많다.

바이마르에서 데사우, 다시 베를린으로 이전하게 되면서 바우하우스의 3대 교장에 취임한 건축가가 바로 노이에 갤러리를 설계한 '미스'다. 시대는 암울했다. 1932년 권력을 쥔 히틀러에게 바우하우스는 눈엣가시였다. 민족주의적 민예운동을 통해 독일 국민을 '계몽'하려고 한 히틀러는 바우하우스를 강제 폐교시켰다. 베를린으로 옮긴 지 1년 만이다. 바우하우스 14년의 역사는 이렇게 막을 내렸다. 나치의 탄압이 고조되면서 미스는 미국으로 망명길에 오른다. 이후 미스는 30년간 시카고에 머물면서 20세기 모더니즘 건축을 이끄는 대가가 되었다.

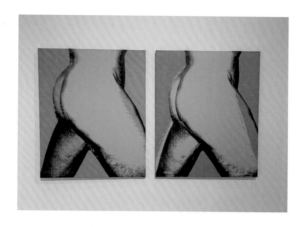

바르셀로나 국제 박람회를 위해 설계한 '바르셀로나 파빌리온'은 그의 대표작 중 하나다. 간소한 구조와 여백의 미학이 특징이다. 뉴욕의 시그램 빌딩은 고층건물의 시대를 열었다. 미국 일리노이 공과대학의 '크라운 홀'은 노이에 갤러리와 형제처럼 보인다. 강철 기둥과 유리로 벽면을 두른 커튼월은 여기에도 적용되어 있다. 미스는 'Less is more'라는 말로 그의 건축 철학을 표현했다. 'Less'는 더 이상 뺄 것이 없는 미니멀한 상태를 말한다. 미스의 건축은 바우하우스의 원칙과 같은 맥락에 있다.

노이에 갤러리로 돌아오자. 독일의 분단은 노이에 갤러리를 짓게 된 배경이 된다. 베를린이 두 토막 나면서 대부분의 미술관이 동베를린에 집중되었고, 이를 만회하려던 서베를린은 국립 미술관 설계를 미스에게 위임한다. 바우하우스를 이끌다가 강제로 망명을 택할 수밖에 없었던 그가 미국으로 이주한 후 유럽에서 지은 유일한 건축물이다. 미스의 감회는 어땠을까? 노이에 갤러리는 1968년에 완공됐고 그다음 해인 1969년에 미스는 타계했다. 그가 남긴 마지막 건축물이 노이에 갤러리다.

갤러리 내부로 들어서면 개방적인 레이아웃에 눈이 길을 잃는다. 순간 미스의 디자인으로 유명한 '바르셀로나 체어'가 눈에 들어온다. 바르셀로나 박람회 독일관에 비치하기 위해 미스가 디자인한 블랙 컬러의 가죽 의자다. 노이에 갤러리는 살바도르 달리, 파울 클레, 파블로 피카소, 에드바르 뭉크 등 유럽과 북미 작가들의 작품을 다수 소장하고 있다. 마침 1층에는 앤디 워홀의 기획전이 열리고 있었다. 앤디 워홀 작품들은 꽤 익숙하다고 생각했지만 <Velvet Rage and Beauty> 전시는 남자 몸의 아름다움을 시각화하려는 작품들로 특화되어 있었다. 동성애자로 알려진 앤디 워홀은 남성의 신체를 사진, 영상, 드로잉, 실크스크린 등의 방식으로 노골적이고 대담하게 묘사했다.

〈4900 가지 색채〉

〈비르케나우〉

지하에서는 뜻밖에도 '게르하르트 리히터'의 〈베를린을 위한 100가지 작품〉 전시를 볼 수 있었다. 리히터의 작품은 생존 작가의 작품 중 최고가에 거래되는 것으로 알려져 있다. 대체 불가한 그의 작품세계에 매료된 컬렉터들이 많다. 우연적 요소와 모호한 표현 방식을 선호하는 리히터의 작품세계는 한 작가의 작품이 맞나 의심될 만큼 스펙트럼이 넓다. 직접 찍은 사진 위에 작업을 하여 의도적으로 흐릿하게 만드는 '사진 추상', 4,900개의 색을 상호 간섭 없이 독자적으로 배열해 다채로운 색상의 스펙트럼을 표현한 컬러 차트, 물감이 마르기 전에 스퀴지로 밀어서 완성시킨 두터운 추상화 등 주제도 다양하고 표현방식도 실험적이다.

특히 베를린이어서 더 의미심장하게 와닿았던 리히터의 작품은 아우슈비츠 수용소가 있었던 지역인 〈비르케나우〉 연작. 수용소에서 몰래 찍은 4장의 충격적인 사진에 여러 겹 붓질을 해서 만든 시리즈다. 몰래 찍은 사진 특성상 초점이 흔들리기도 했지만 그의 흐릿하게 하기(blur) 기법이 더해져 사진 속 사건은 추상적으로 보인다. 무의식이 이끄는 대로 원래 이미지를 가공하고 변형하는 그의 작품들은 보는 사람들을 적극적으로 관여하게 하고, 각자의 방식으로 해석되도록 허용한다.

노이에 갤러리 소개를 여기서 끝내는 것은 한 사람에게 결례가 된다. 마무리는 데이비드 치퍼필드이어야 한다. 현재의 노이에 갤러리는 1968년에 미스가 설계한 그 상태가 아니다. 50년이 지나 노후화된 갤러리의 리노베이션은 치퍼필드에게 맡겨졌다. 용산의 아모레퍼시픽 사옥과 앞서 소개한 신 박물관을 리노베이션한 건축가다. 치퍼필드는 자신의 관점을 제안하는 대신 마치 외과 수술을 하듯이 정교한 복원을 선택했다. 건축물의 기술적 보완을 위해 리뉴얼에 가까운 공사가 필요했기 때문에 외부와 내부 부속품 약 3만 5천 개를 해체하고 선별하여 재조립했다. 디테일을 살리고 현대 미술관으로 업데이트했지만, 네모반듯한 형태와 수평 수직의 조형적 구조는 1968년의 건물과 차이점을 찾기 어려울 정도로 완벽한 복원이었다. 거장에 대한 존경의 의미가 담긴 리노베이션이었다. 6년의 공사 끝에 2021년 재개관했다.

바우하우스의 14년 역사부터 건축가로서 미스의 행보, 노이에 갤러리의 기획전과 치퍼필드의 리노베이션까지 more and more로 이야기가 커졌다. 하나의 갤러리에 이렇게 많은 이야기가 있는 걸 어쩌겠는가. Less is more를 주창하는 미스에게 딴지 거는 건 절대 아니다.

거장의 작은 주택

미스 반 데어 로에 하우스

미국 망명 길에 오르기 전에 미스가 마지막으로 설계한 주택이 베를린 동쪽 외곽에 있다. 주택을 의뢰한 램케 부부는 날씨가 좋을 때 정원을 즐길 수 있는 작고 소박한 집을 원했다. 미스는 그들을 위해 최소한의 재료로 기능적이고 아름다운 집을 만들었다. 강철과 유리를 주로 사용한 미스의 다른 건물들과 비교하면 소박한 전원주택이지만, 간결한 모더니즘 미의식은 여기서도 볼 수 있다.

L자 구조의 붉은 벽돌집은 내부와 외부를 유기적으로 연결한다. 두 면의 유리 창을 통해 호수와 정원까지 시야가 확장된다. 호두나무와 꽃, 무성한 자작나무 정원이 내부와 자연스럽게 연결되는 느낌이다.

1933년에 완공된 이 집에서 램케 부부는 12년밖에 살지 못했다. 소련이 몰수하여 차고와 숙소로 사용했기 때문이다. 1977년 문화재로 지정되고 나서야 비로소 가치를 인정받고 복원 끝에 대중에게 공개되었다. 현재는 주기적으로 전시가 열리는 갤러리로 쓰인다. 미스가 설계한 1인용 라운지 체어가 놓여있다. 소박한 주택에도 미스의 미학을 볼 수 있다.

믿고 보는 전시

그로피우스 바우
Gropius Bau

독일에는 '쿤스트할레'(kunsthalle)로 불리는 공간이 있다. 보통 미술관으로 통용되지만, 예술을 뜻하는 '쿤스트'와 홀을 뜻하는 '할레'의 조합으로, 직역하자면 아트홀이다. 자체 소장품을 전시하기보다는 기획전이 열리는 곳이다. 그 대표적인 예가 베를린에 있는 그로피우스 바우라고 할 수 있다. 설치 미술, 사진, 그래픽, 비디오아트, 과학, 인류학 등 장르의 제한 없이 매년 10여 개의 전시를 개최하는데 퀄리티가 높기로 유명하다.

2010년에는 멕시코 작가 프리다 칼로 전시가 열려 전 세계의 주목을 받았고, 2014년에는 데이비드 보위의 멀티미디어 전시가 화제를 모았다. 2018년에는 우리나라 설치미술가인 이불 작가의 단독 전시가 열렸으며, 2021년에는 쿠사마 야요이의 분홍 촉수가 미술관의 아트리움을 가득 채우기도 했다. 중국 반체제 작가인 아이 웨이웨이, '인공 태양'으로 유명한 올라퍼 엘리아슨도 그로피우스 바우와 함께 했다.

Berlin

고풍스러운 외관의 그로피우스 바우는 네오 르네상스 건축양식이 돋보이는 건축물이다. 마틴 그로피우스와 하이노 쉬미덴의 설계로 1881년 오픈했다. 마틴 그로피우스는 독일 최초의 예술종합학교인 바우하우스 설립자 발터 그로피우스의 큰 아버지다. 바우하우스를 세운 발터 그로피우스는 큰아버지의 영향을 받으며 건축가가 되었지만, 후세에 큰아버지와 조카의 지명도는 이렇게 뒤바뀐다.

베를린의 모든 건물들이 같은 운명이었지만, 그로피우스 바우도 2차 세계대전으로 피해를 입었다. 1945년 연합군의 공습으로 상층부는 크게 파괴되었고 소장품도 치명적으로 훼손되었다. 철거 위기에 놓였을 때 미술관을 지키는데 크게 기여한 사람이 발터 그로피우스이기도 하다.

오랜 시간이 흐른 뒤 그로피우스 바우는 리노베이션을 거쳐 1981년 재개관 했다. 모든 것이 복원되었지만 입구 양옆의 조형물들은 두상이 파괴된 채 그대로 두었다. 외벽의 총탄 흔적도 그대로 두어 공간의 역사성을 살렸다.

Berlin

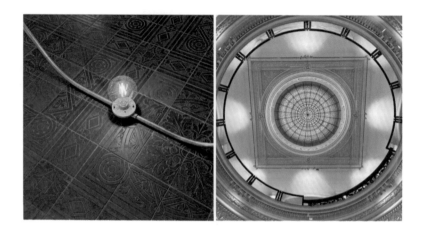

그로피우스 바우의 역사적 배경은 이쯤 해두고 현재 시점으로 돌아오자. 그로피우스 바우에 들어서면 입구의 아트리움에서 누구든 멈칫할 것이다. 사각 창틀의 유리 지붕, 아치와 기둥의 반복, 정교한 모자이크 바닥, 화려한 테라코타 장식 그리고 유리 돔. 고전적인 동시에 모던한 아우라에 잠깐 정신줄을 놓을 지도 모른다.

미술관으로서 가장 주목하게 되는 건축 요소는 중앙의 아트리움이다. 들어오자마자 눈앞에 펼쳐지는 아트리움에는 기획전의 테마인 설치작품이 있다. 우리가 방문했을 때는 '낸시 홀트'의 작품 〈Electrical System〉을 볼 수 있었다. 빛의 서클이라는 테마로 전개되는 1층은 설치작품부터 영상, 사진, 글 등 낸시 홀트의 세계를 경험할 수 있는 작품들로 채워져 있었다. 미국 출신의 낸시 홀트는 빛, 지형, 건축, 환경, 텍스트 등을 테마로 자유롭게 예술의 경계를 넘나드는 엄청난 스케일의 작가다. 특히 '대지예술'의 선구적인 작가로 평가받고 있다. 2층에서는 인도 출신의 미디어 아티스트 '팔라비 폴'의 작품들을 볼 수 있었다.

그로피우스 바우는 매번 기획전이 바뀌는 쿤스트할레다. 그로피우스 바우는 세계적인 작가들을 주목하고 있지만 반대로 세계는 그로피우스 바우를 주목한다. 이번에는 어떻게 큐레이션을 할까? 다음에는 누구일까? 어떻게 펼쳐질까? 작가가 바뀔 때마다 공간도 바뀐다. 전혀 새로운 곳이 된다. 외관은 분명 고전적인 건물인데 아트리움에 서는 순간 어느 미술관보다 앞서 있다.

기차를 지킬 수 없을 때 기차역을 지켰다

함부르크 반호프 미술관

Hamburger Bahnhof - Nationalgalerie der Gegenwart

한국을 여행 중인 외국인이 '방문하면 좋을 곳'을 묻는다면 어디를 추천할까? 여러 곳이 두서없이 떠오르지만 그중에는 단연코 '문화역서울284'가 포함될 것 같다. 문화역서울284는 구 서울역사에서 복합문화공간으로 리노베이션 된 곳이다. 일제 강점기에 건축되었고 6·25전쟁으로 훼손되기도 했지만 역사(railway station)로서의 기능을 잃게 된 결정적 계기는 KTX 개통과 새 역사 개관이었다. 그러나 원형을 복원하여 2011년에 다양한 기획 전시와 공연, 체험 프로그램, 공간 투어 등이 진행되는 아트 플랫폼으로 재개관했다. 서양식 아치와 웅장한 돔, 중앙홀 천장의 스테인드글라스 등을 특징으로 하는 대표적인 근대 건축물인 동시에 대합실과 역장실, 귀빈실 등의 공간을 활용한 전시는 언제 찾아가도 볼만하다. 많은 분들이 궁금해할 284라는 숫자는 사적 등록번호다. 문화역서울284는 사적 제284호의 근대문화유산이다.

함부르크 반호프를 소개하는 글에 문화역서울284를 길게 쓴 이유는 함부르크 반호프와 문화역서울284의 유사성 때문이다. 물론, 철도역이 미술관으로 변신한 예로는 프랑스의 '오르세 미술관'이 대표적이다.

본격적으로 함부르크 반호프 미술관을 알아보자. 우리에게 '호프'라는 단어는 맥주를 자동 연상시키지만, 반호프는 독일어로 기차역을 말한다. 함부르크역이라는 뜻이다. 베를린에 '함부르크역'이 있었다는 이야기는 서울에 부산역이 있었다는 말처럼 이상하게 들리겠지만 이곳은 함부르크행 기차를 탈 수 있는 역이었다.

Berlin

1846년에 개통된 이 역은 다른 운송수단에 밀려 폐쇄되었다. 1906년에 교통 철도 박물관으로 재개관 했지만 그것마저 2차 세계대전으로 종지부를 찍었다. 2차 세계대전이 종결되기 전까지 베를린은 300회가 넘는 연합군의 공습을 받았다. 폭격의 피해에서 비켜난 건물은 거의 없었다. 함부르크 반호프도 예외는 아니었다. 이후 폐허가 된 기차역은 동독과 서독 사이의 비무장지대에 수십 년간 방치되었다.

함부르크 반호프가 극적으로 살아난 것은 1987년. 베를린시 창립 750주년을 맞아 이곳에서 '베를린으로의 여행'이라는 전시가 기획되면서 국가 차원의 복원 사업이 이루어졌다. 전시회 이후 프로이센 문화재단으로 소유권이 넘어가고 재건축의 과정을 거쳐 1996년에 지금의 미술관으로 부활했다. 앤디 워홀의 작품 〈Mao〉가 아이콘으로 소개되기도 하지만 다양한 아트 집단들의 실험적인 예술이 펼쳐지는 곳이다.

함부르크 반호프 미술관은 베를린 중앙역과 가까운 거리에 있다. 'ㄷ'자 형태의 화이트 건물은 정원을 품고 있었고 기차역이 연상되는 아치형의 철골구조가 눈에 띄었다. 메인홀에 들어섰을 때 개방감 있는 공간이 펼쳐졌다. 마침 〈Attune〉이라는 제목의 라이브 공연이 진행 중이었다. 기차가 들어오고 나갔을 넓은 공간. 한 쪽에는 사막의 사구 하나를 떼어온 듯한 모래 설치 작품이 있고, 아티스트들은 모래 언덕을 구르고, 뛰어다니고, 노래를 읊조리면서 온몸으로 메시지를 전하고 있었다. 공연 무대나 큐브형의 전시 공간이라면 표현하기 힘들었을 실험적인 퍼포먼스였다.

함부르크 반호프 미술관의 배경에는 베를린의 기업가이자 컬렉터인 '에리히 마르크스'라는 인물이 있다. 그는 앤디 워홀, 사이 톰블리 등 세계적인 현대예술가의 작품을 다수 소장하고 있었다. 개인 컬렉션이 방대해지자 그는 베를린시에 영구 대출을 약속한다. 에리히 마르크스의 결정은 함부르크 반호프 미술관이 지속적으로 유지될 수 있는 버팀목이 됐다. 이후 다른 컬렉션이 더해지고 노이에 갤러리와 컬렉션을 공유하게 되어 함부르크 반호프 미술관은 다양한 기획전과 상설전이 가능한 미술관으로 포지션을 갖게 되었다. 베를린의 어떤 국립 미술관보다 규모가 크기 때문에 여러 전시를 동시에 진행할 수 있는 것은 기차역이었던 배경 덕분이다.

함부르크 반호프 미술관이 존재하게 된 배경에는 베를린이라는 도시가 있다. 예술의 가치를 존중하고 예술에 대한 수요가 끊임없이 일어나는 도시. 기차를 지킬 수 없을 때 그들은 기차역을 지켰고, 산업유산을 문화유산으로 전환시켰다. 문화 예술의 도시라는 수식어는 이런 구체적인 노력으로 생겨난다.

예술을 지키는 요새

쾨닉 갤러리

베를린에는 기차역을 개조해서 만든 함부르크 반호프 미술관처럼 용도를 변경해 미술관으로 사용하는 곳이 많다. 2015년에 오픈한 아트 갤러리 '쾨닉'(KÖNIG GALERIE)은 '성 아그네스'(St. Agnes)라는 가톨릭 교회 건물이었던 곳이다. 쾨닉은 영향력 있는 현대 미술 갤러리 중 하나다. 2021년에는 '쾨닉 서울'이 생겼다.

베를린의 쾨닉 갤러리는 크로이츠베르크의 조용한 주택가에 있다. 네모 반듯한 이 건물은 교회가 아니라 꼭 '요새'처럼 생겼다. 2차 세계 대전 이후 저렴한 건축비와 빠른 시공, 전쟁으로 인한 사회적 불안감이 요새처럼 튼튼한 공간을 선호하는 경향을 낳았다고 한다.

입구에는 오스트리아 출신 작가인 에르빈 부름의 작품 〈BIG BAG WALKING〉이 서 있다. 내부로 들어가면 실로 엮은 작품을 통해 기억과 죽음을 이야기하는 일본 작가 시오타 치하루와 핑거 페인팅으로 유명한 작가 아야코 록카쿠, 사회정치적 맥락을 반영한 독일 작가 나산 투르 등 주목받는 현대예술 작가들의 작품들을 만날 수 있다.

전시는 2층으로 이어진다. 전시 공간을 확보하기 위해 20m 높이의 단층 건물을 2개 층으로 나눈 것이다. 1층에 16개 기둥을 세우고 콘크리트 천장을 만들었다. 2층 바닥의 가장자리에는 작은 틈새로 1층이 내려다보인다. 나무 루버의 천장이 공간을 지루하지 않게 하고, 지붕과 세로 창으로 들어오는 빛이 조명과 협업을 한다.

입구에 서있던 '다리가 달린 가방'의 작가, 에르빈 부름의 전시가 열리고 있었다. 옷을 입고 있으니 사람처럼 보이지만 얼굴이나 팔 다리가 생략되어 있어서 볼수록 기괴하다. 겉으로 보이는 옷으로 판단하고 그 사람의 내면에는 관심을 두지 않는 현대인의 허울뿐인 관계를 꼬집는 것일까?

전시는 주기적으로 바뀐다. 조각과 회화, 영상, 퍼포먼스 등 어떤 전시가 열리더라도 쾨닉 갤러리의 작품들은 믿고 볼 수 있다. 성 아그네스 교회였던 자리, 요새가 예술을 지키는 곳이니까.

예술을 발효시키는 '양조장'

킨들 현대 미술센터

독일 맥주는 맛있다. 알코올에 약해도, 좋아하는 주종이 맥주가 아니더라도 독일 맥주의 맛을 부정하기는 힘들다. 일단 맥주의 역사가 오래되었고, 물과 동급으로 마시는 수준이니 발달할 수밖에. 독일에는 독보적인 맥주 브랜드가 있기보다는 많은 브랜드의 맥주들이 막상막하로 맛을 겨룬다. 그중에서도 킨들(Berliner Kindl)은 베를리너들의 사랑을 받는 로컬 맥주다. 어린아이가 잔 속에서 얼굴을 내밀고 있는 로고, 그게 킨들이다.

베를린 동남쪽의 노이쾰른 지역에 킨들의 옛 양조장이 있다. 2005년까지 양조장으로 쓰이다가 폐쇄되고 미술 애호가 부부가 건물을 인수하여 '킨들 현대 미술센터'(이하 킨들 미술관)라는 이름의 현대 미술관으로 개조했다.

킨들 미술관은 양조 시설인 대형 구리 솥 6개를 그대로 보관하고 있다. 산업 유산이자 이 공간의 고유한 자산인 구리 솥은 킨들 미술관의 상징이 되었다. 구리 솥 주변에 테이블을 설치하여 카페로 활용하고 있다. 킨들 미술관의 전시 공간은 크게 2개. 양조장 시절의 명칭을 그대로 써서 기계 하우스와 보일러 하우스로 불린다. 3층 건물인 기계 하우스와 달리 보일러 하우스는 20m 단층 공간이라 대규모 설치 작품의 전시가 가능하다. 매년 한 명의 작가에게 작품을 의뢰하여 2년에 걸쳐 전시한다. 2017년부터 2년간 양혜규 작가의 대형 작품인 〈침묵의 저장고〉가 전시되기도 했다.

킨들 미술관은 사회적 담론을 생산하는 미술관을 지향한다. 주류에서 벗어난 대안적 예술 작품을 큐레이션 하기 때문에 어렵다는 평도 있지만, 예술에 대한 편견을 깨며 인식을 확장시키는 역할을 한다.

기계 하우스에 들어섰을 때 성냥 모형의 작품들이 눈에 들어왔다. 자세히 보니 타 들어간 성냥의 윗부분이 사람의 머리 형상을 하고 있었다. 세네갈의 수도인 다카르에서 처음 열렸던 전시다. 아프리카를 유럽 중심의 지식체계로 바라보고 있는 건 아닌지, 그들의 고유한 문화 양식을 원시성이라는 프레임으로 보고 있는 건 아닌지 생각하는 계기를 제공한다. 프랑크푸르트 소재 토킹 오브젝트 랩(TALKING OBJECTS LAB)의 이 전시는 설치 작품과 물건, 사진 등을 통해 탈식민지 관점에서 대안적인 지식에 대한 논의에 불을 지피기 위한 의도다.

미술관을 나오니 비어 가르텐에서 맥주를 즐기는 사람들이 보였다. 킨들 미술관에서 마시는 킨들맥주는 짜릿함 그 이상이었다. 예술에 대한 갈증도 해소시켜준다. 더 이상 맥주를 생산하지 않는 양조장에 예술이 발효 중이다.

Berlin

젊지만 만만치 않은 내공

베를린 주립미술관
Berlinische Galerie

힙하다고 소문난 지역에는 다양함이 있다. 다양한 문화와 스타일이 뒤섞여 있어서 걸어 다니며 기웃거리는 재미가 있는 곳. 한 마디로 규정하기 어려운 이런 곳을 사람들은 힙하다고 말한다. 베를린의 크로이츠베르크가 딱 그렇다. 젊은 베를리너들의 예술혼과 자유분방한 감성이 크로이츠베르크를 가득 채우고 있다. 다국적 음식점과 트렌디한 바와 클럽, 카페, 운하를 따라 자연스럽게 생겨난 공원들. 여기에 베를린 주립미술관이 있다.

베를린 주립미술관이 있던 곳은 예전에 대형 유리 창고였다. 개인 수집품을 베를린 주가 넘겨받고, 전시 공간을 확보하기 위해 창고를 개조하여 2004년에 정식 주립 미술관으로 문을 열었다. 베를린에 있는 공공 갤러리 중에서 가장 젊은 미술관에 속하지만 그 내공은 만만치 않다.

입구의 '노란 글자 광장'은 베를린 주립미술관의 트레이드 마크다. 입구 바닥의 160개 알파벳들은 미술관에 전시된 주요 작가들의 이름을 이어 붙인 것이다. 실내에 들어서면 2층으로 올라가는 커다란 X자 모양의 계단이 시선을 끈다. 1층은 장르를 넘나드는 다양한 현대예술 특별전이 열리고, 2층은 1890년부터 1980년까지의 작품들이 상설 전시된다.

마침 1층에 생태적인 집 짓기를 주제로 한 흥미로운 전시가 진행 중이었다. 집의 재료로서 버섯, 나무, 점토의 잠재력을 확인하는 작업이었다. 공동 연구의 결과물을 미술관을 통해 일반인들과 공유한다는 것이 인상적이었다. 미술관의 가능성을 예술 작품 전시에 한정시키지 않는다는 것, 과학적 가설까지도 예술로 확장한다는 것이 인상적이었다.

2층에는 베를린 주립미술관이 소장하고 있는 작품들 중 250점 정도의 작품이 전시되어 있다. 19세기 작품들도 눈여겨볼 만하지만 주립미술관에서 주목할 것은 다다이즘과 동유럽의 아방가르드 작품들, 분단 시절의 작품들과 통일 후 최신작들이다. 특히 베를린을 통틀어 다다이즘 작품들을 가장 많이 볼 수 있는 곳이다.

다다이즘이니 신표현주의니 같은 용어가 우리 같은 일반인들을 위축시키는 것이 사실이지만, 편의상 구분하기 위한 장르라고 보면 어려울 것도 없다. 주창한 사람이나 집단이야 주장이 명확하지만, 작가 개인의 스타일과 해석이 더해지면 사조의 경향이 있을 뿐 명확한 구분은 어렵다.

특히 다다이즘은 더 모호하다. 다다(dada)라는 말 자체가 아무 의미가 없는 단어이니 그 의미에 골몰할 이유도 없다. 그저 반전통, 반체제의 예술적 성향이나 태도쯤으로 여겨도 무방하지 않을까. 다다이즘은 스위스 취리히에서 시작되어 바르셀로나, 뉴욕, 베를린 등 국제적으로 퍼져 나갔다. 특정 형식을 거부하고 해독이 불가능한 기호와 이미지로 일관되어 있다. 다만 격동기를 거쳤던 베를린에서는 유독 다다이즘이 정치적 성향을 갖게 되었다. 베를린 주립미술관에는 돼지머리의 독일 군인이 천장에 매달려 있기도 하고 포토몽타주, 포스터, 회화, 설치미술, 조각 등 넓은 스펙트럼의 작품들이 과격하게 현실을 풍자하고 있었다.

출구로 나오자 노란 글자 광장이 유쾌하게 보였다. 근처에 유대인 박물관과 나치의 본부였던 공포의 지형학이 있고 또 걷다 보면 개성 있는 아트 갤러리들을 마주친다. 진지했다가 발랄하고 과거의 반성 속으로 밀어 넣었다가 트렌디한 숍들로 안내하는 곳. 크로이츠베르크에 홀리지 않을 도리가 없다.

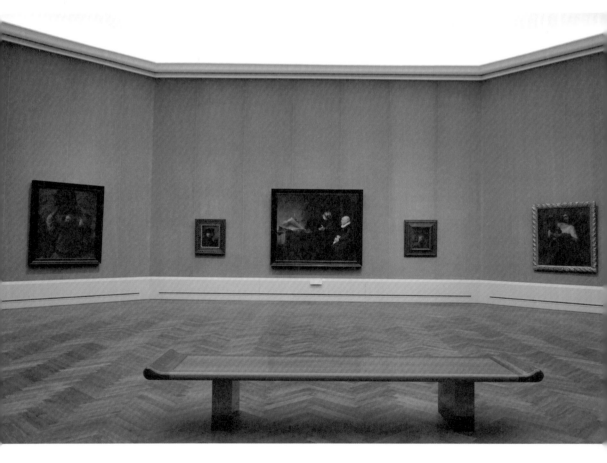

2km를 완주한 이야기

베를린 국립회화관
Gemäldegalerie

박물관섬에 갇혀 있으면 놓칠 수 있는 거물급 미술관이 있다. 베를린 국립회화관은 티어가르텐 인근에 있는 초대형 미술관이다. 베를린 필하모니 콘서트홀을 비롯해서 국립미술관, 공예 박물관, 미술전문도서관, 판화관 등 12개 건물이 모인 '문화 포럼'에 자리 잡고 있다. 문화 포럼은 베를린의 역사적 특수성으로 조성된 구역을 가리킨다. 사연은 이렇다.

독일 분단으로 수도 베를린도 동서로 나뉘었을 때, 대형 박물관들이 몰려 있는 박물관섬은 동베를린에 편입되었다. 동베를린과의 문화 격차를 줄이기 위해 서독 정부가 1950년대부터 서베를린 지역에 대규모의 문화 단지를 조성하기 시작했다. 냉전시대의 경쟁심이 문화 인프라를 구축하는 동력이 됐다는 것은 역사의 아이러니다. 1963년에 가장 먼저 세워진 베를린 필하모니 콘서트홀을 포함해서 대부분의 건물은 현대적이고 절제된 디자인이다.

회화관은 13세기부터 18세기 유럽 미술을 대표하는 걸작 1,500여 점을 소장하고 있다. 회화관이 소장하고 있는 어마어마한 양의 회화 작품들은 1800년대 프로이센 제후들의 컬렉션이었다. 1904년에 보데 박물관으로 이전되었다가 2차 세계대전에 400여 점의 작품이 유실되기도 했다. 이후 소장품은 여기저기 나뉘어 보관되다가 1998년, 회화관의 건립으로 마침내 한 곳에 통합되었다.

중세 시대 종교화를 비롯해서 르네상스 시기의 피렌체 화가들의 작품, 네덜란드의 풍속화와 정물화, 영국의 낭만주의 풍경화 등이 연대별로 구분되어 있다. 미리 말해두자면, 전시 길이가 2km에 이르고 전시실도 72개나 된다. 15세기부터 18세기의 네덜란드 전시실이 따로 있어서 〈황금 투구를 쓴 남자〉 등 렘브란트 작품도 원 없이 볼 수 있다.

작품마다 방점을 찍으며 보다가 어느 순간 에너지가 방전되었다. 이러다가는 회화관의 2km 완주에 실패할 것 같았다. 강약을 조절하기로 했다. 이를테면 네덜란드 작가 얀 베르메르는 '강'에 해당하는 작가였다. 베르메르의 〈포도주 잔〉(The Glass of Wine)은 카라바조의 〈승리의 큐피드〉(Cupid as Victor)만큼이나 강한 인상을 주었다. 누군가는 알브레히트 뒤러, 누군가는 얀 반 에이크에 방점을 찍을 것이다. 누구든, 어떤 작품이든 모두에게 '강'일 수는 없다. 일단 작품 수로 압도하는 회화관은 그걸 허용하지 않는다. 다시 한번 말하지만 전시는 총 2km에 해당하고 우리의 에너지는 제한되어 있다.

Greenery

티어가르텐

루스트가르텐

템펠호프

마우어파크

베를린은 도시 면적의 3분의 1이 숲, 공원, 강, 호수, 운하로 이루어져 있다.

그래서 베를린은 어반 정글(Urban Jungle)로 소개되기도 한다.

현지인들에게 좋아하는 공원이나 즐겨 찾는 공원이 어디냐고 물으면

집 가까이에 있는 공원 이름들이 쏟아져 나올 수도 있다.

잠깐 머물다 가는 방문객들은 알 수 없는 공원도 많다는 얘기다.

우리는 베를린 도심에 자리한 대중적인 공원 두어 곳과

달리다가 날 수도 있을 것 같은 광활한 템펠호프,

일요일마다 플리마켓과 버스킹으로 흥이 폭발하는 마우어파크를 다녀왔다.

야생의 감정을 다스리고 싶을 때

티어가르텐 Tiergarten

구글 지도에서 찾아보면 티어가르텐이 베를린에 얼마나 넓게 퍼져 있는지 한눈에 알 수 있다. 티어가르텐 입구를 따로 찾을 필요도 없다. 브란덴부르크 문이나 유대인 추모비, 포츠다머 광장 등 관광 거점들과 인접해 있어서 돌아다니다 보면 이미 티어가르텐 주변이기 쉽다.

'티어'는 독일어로 동물을 말한다. 티어가르텐을 직역하면 동물 정원. 신성로마제국 시대에 왕실 사냥터로 사용되었다가 1830년대에 이르러 공원으로 일반인들에게 개방되었다. 티어가르텐을 소개하면서 독일의 중세 시대까지 거슬러 올라가고 말았지만, 그만큼 오랫동안 베를린의 대표 공원이었음이 확실해졌다.

다른 나라의 도시공원에 들어오면 잠시라도 현지인인 듯 착각할 수 있어 좋다. 티어가르텐은 도시 계획에 의해서 조성된 공원이 아니라, 자연스럽게 우거진 숲이다. 걷다가 마주치는 다양한 조각상들과 바로크 스타일의 영국 정원, 가스등 컬렉션 등이 공원이라는 것을 일깨워 줄 뿐이다. 베를린 현지인들은 자연 그 자체와 어우러져 있다. 자전거를 타거나 조깅을 하거나, 개를 데리고 산책하는 사람들이 티어가르텐의 풍경을 이룬다.

현지인이라는 최면에서 벗어나 여행자로 돌아오는 순간, 67m 높이의 전승기념탑이 보인다. 프로이센 왕국은 1864년 덴마크와의 전쟁을 시작으로 오스트리아, 프랑스 전쟁에서 승리를 거듭하며 독일제국의 기틀을 마련했다. 프로이센의 영광을 기념하기 위한 것이 바로 전승기념탑이다. 석탑 꼭대기에는 승리의 여신인 빅토리아가 금빛으로 빛나고 있다. 탑 내부에는 전망대에 오를 수 있는 285개의 나선형 계단이 있어서, 무릎에 자신이 있다면 정상에 올라가 티어가르텐 숲을 조망할 수 있다.

1993년에 개봉한 영화 〈베를린 천사의 시〉에는 이 전승기념탑에 서서 지상의 인간들을 내려다보는 천사가 등장한다. 분단된 베를린에서 고통과 절망을 끌어안고 살아가는 인간들을 보는 두 명의 천사, 다미엘과 카시엘. 황량한 베를린을 묘사하기 위해 흑백으로 전개되는 〈베를린 천사의 시〉에서는 전승기념탑의 금빛마저 색을 잃는다. 인간과의 사랑을 선택하고 지상으로 내려오는 천사와 다시 천상으로 올라가는 천사의 교차가 많은 여운을 남기는 영화다.

티어가르텐을 걷다 보면 슈프레강의 지류인 란트베어 운하가 나온다. 운하를 가로지르는 다리 중에는 로자 룩셈부르크 다리가 있다. 폴란드 출생의 유대인이었던 로자는 한 쪽 다리에 장애가 있는 작은 체구의 여인이었지만, 그녀는 노동자들의 자발적이고 급진적인 혁명을 주창한, 거인 같은 존재였다. 사회의 발전 방향에 대해 과격한 이념이 불꽃을 일으켰던 혼란의 시대였다. 로자는 반대 세력에 의해 은밀하게 제거되었고, 사라진 시신은 이 운하에서 발견되었다. 철제 다리의 한 쪽 끝에는 그녀의 이름이 새겨진 기념비가 있다.

비장한 사연을 가진 다리를 뒤로하고 걷다 보면 티어가르텐 속 핫플레이스인 '카페 암 노이엔 씨'(Café am Neuen See)가 나온다. 이곳을 찾기 위해 티어가르텐에 올만큼 현지인들에게는 인기 있는 호숫가 식당이다. 노를 저으며 배를 타는 경험을 할 수도 있고, 넓은 야외에서 식사와 디저트, 알코올음료 등을 즐길 수 있다. 한여름 금요일 저녁에 이곳을 찾았을 때 '떠들썩한 유쾌함'이 거대한 자기장을 이루고 있었다. 스태프들은 음식을 나르기 바빴고 자리에 앉은 사람들은 잔을 부딪치기 바빴다. 소란스러운 농담과 풍족한 표정, 자유분방한 취기가 사람들을 자기장 속으로 끌어들였다.

공원은 녹지가 우거진 곳만이 아니다. 사람들의 감정이 우거진 곳이다. 수많은 감정들이 이곳에 모였다가 수많은 감정으로 바뀌어 흩어진다. 티어가르텐은 꾸밈없는 야생의 감정으로 찾아갈 수 있는 곳이고 정제된 감정으로 다시 나올 수 있는 곳이다. 베를린에는 티어가르텐이 있다.

어디든 누울 준비가 되어 있다
루스트가르텐 Lustgarten

베를리너들이 좋아하는 공원은? 글쎄. 그러나 방문객들이 좋아하는 공원은 루스트가르텐일
확률이 높다. 이름은 익숙하지 않을지 모르겠지만 박물관섬에 있는 녹지, 그곳이 바로 루스트
가르텐이다. 베를린 대성당이었던 베를린 돔, 거대한 구 박물관 등 고전주의 건물들이 배경이
되어 베를린에 와있다는 실감을 하기에 충분하다.

루스트가르텐은 궁중에 딸린 정원이었다. 독일에서 처음으로 감자라는 작물을 심은 곳도 여기
라고 하니 궁중 텃밭이기도 한 모양이다. '루스트'(lust)는 독일어로 기쁨을 뜻한다. 왕족에게 기
쁨을 주던 정원은 격변의 시대를 거치면서 많은 시련을 겪었다. 나치 정권 때는 군사 퍼레이드
와 행군 장소로 쓰였다. 전쟁 중에는 박물관섬 일대에 쏟아진 폭격으로 궁중이 파괴되는 현장
을 지켜봐야 했다. 이제는 루스트가르텐이라는 이름 그대로 방문객들에게 기쁨을 주고 있다.

루스트가르텐에 간 날, 눈이 부시도록 날이 좋았다. 정수리가 따가울 정도로 햇빛도 강했다. 갑자기 소나기가 퍼부었다. 비를 피하기 무섭게 다시 날이 갰다. 급속 열풍으로 말린 것처럼 젖은 잔디도 금세 말랐다. 변덕스러운 날씨에 속수무책이었을 때 루스트가르텐 중앙에 있는 분수에 무지개가 생겼다. 이상한 날씨를 즐기라는 신호라고 생각했다.

종잡을 수 없는 날씨 때문인지 베를리너들은 별로 꾸미지 않는다. 비를 맞을 수도 있고, 날이 좋으면 일광욕을 위해 어디든 누울 수 있는 복장으로 다니는 것 같다고 할까? 딱히 이렇다 할 유행이 없는 곳. 베를린의 스트리트 패션을 보며 든 생각이다. 남녀노소 할 것 없이 백팩을 메고, 날이 덥고 습하면 옷은 미니멀 사이즈로 작아질 뿐, 기능적이고 실용적인 스타일이 강세다. 특징이 있다면 유난히 검은색을 좋아하는 것, 그리고 타투가 일반적이라는 것.

맑은 날씨에 루스트가르텐의 인구 밀도는 높아진다. 베를린 돔을 배경으로 사진을 찍는 방문객들과 제집처럼 누워있는 베를리너들이 뒤섞인다. 지구 환경 변화로 난기류는 심해지고 전 세계 어디나 날씨는 더 변화무쌍해질 것이다. 언제 국지성 폭우가 쏟아질지, 폭염으로 펄펄 끓을지 알 수 없는 세상. 앞으로는 베를리너처럼 사는 게 자연스러울지도 모르겠다.

활주로에서 산책을 한다는 것
템펠호프 Tempelhofer Feld

베를린의 대형 공원인 티어가르텐보다 훨씬 더 큰 공원. 어마어마한 사이즈의 템펠호프 공원은 2008년까지 공항이었다. 활주로와 관제탑, 터미널 건물이 그대로 있다. 공원으로 개발된 것이 아니라, 공항을 개발하지 않고 그대로 둔 곳이다. 화장실, 바비큐 그릴, 음수대, 벤치 등 편의시설 몇 개를 더한 것 외에는 공항에서 달라진 게 없다. 그러나 이 '볼품없는' 공원은 가장 베를린다운 공원이다. 시민들이 대형 주택 개발 계획을 무산시키고 지켜낸 공원이기 때문이다.

'공항이었던 공원'이라는 최소한의 정보를 가지고 템펠호프를 찾아갔다. 공원이라면 흙길과 나무, 그 계절에 피는 꽃들을 볼 수 있는 곳이라고 생각했다. 아스팔트와 아무렇게나 자란 들풀. 템펠호프의 첫인상은 '이게 공원?'에 가까웠다.

템펠호프를 매력적으로 만드는 것은 공원을 이용하는 사람들이었다. 활주로였던 아스팔트 위로는 인라인 스케이트나 킥보드, 사이클링으로 속도를 즐기는 사람들이 있었다. 한쪽에는 안정된 속도감으로 달리는 러너가 보였고 다른 쪽에는 유연한 동작으로 요가를 즐기는 커플이 있었다. 대형견들이 귀를 펄럭이며 뛰어다니거나 들풀 위에 웅크리고 있는 풍경이 속속 눈에 들어왔다. 무엇이든 할 수 있고, 아무것도 하지 않아도 되는 공간. 템펠호프에서 공원에 대해 다시 생각하게 되었다. 우리나라 공원에는 어떤 질서가 있다. 나무들이 질서 있게 줄을 맞추고 있고, 사람들은 '공원을 이용하는 방법'을 크게 벗어나지 않는다. 문득 템펠호프의 무질서가 자유롭고 아름다워 보였다.

Berlin

베를리너들은 어떻게 이런 공원을 가질 수 있게 되었을까? 공항이었던 시절로 가보자. 1차 세계대전 이후 비행기의 발달로 공항이 계획되었고, 1923년부터 '템펠호프 공항'이 되었다. 히틀러는 템펠호프 공항을 독일제국의 관문으로 만들기 위해 확장하며 당시 유럽 최대 규모의 터미널을 완공했다. 그러나 타원형인 템펠호프 공항은 1950년대 이후 대형화된 민항기들이 이착륙하기에 활주로가 너무 짧았다. 베를린의 다른 지역에 공항이 건설되면서 2008년 이후 템펠호프는 공항으로서 기능을 상실하게 되었다. 베를린 정부는 템펠호프의 넓은 부지에서 대규모 주택 건설의 가능성을 보았지만 시민들은 개발에 반대했다. 토론과 투표를 거쳐 결국 개발 계획은 무산되고 템펠호프는 공원으로 남았다. 보기만 해도 가슴이 뻥 뚫리는 광활한 공원을 베를리너들이 갖게 된 배경이다.

잘 정비된 아파트와 못생긴 공원을 맞바꿀 수 있는 용기, 꾸미지 않고 있는 그대로를 즐기는 자유로움. 베를린답지 않은가.

일요일의 난장판
마우어파크 Mauerpark

일요일은 마우어파크 가는 날로 일찌감치 표시를 해두었다. 베를린에서 가장 큰 규모의 플리마켓이 매주 일요일마다 마우어파크에서 열리기 때문이다. 찾아가는 길에 굳이 구글 지도를 볼 필요는 없었다. 하나 둘 늘어나는 사람들의 흐름을 따라 걷다 보니 아니나 다를까, 마우어파크 입구였다.

듣던 대로 마우어파크의 플리마켓은 거대했다. 없는 게 없었다. 누군가에게는 앤티크, 누군가에게는 고물. 누군가에게는 빈티지, 누군가에게는 먼지를 뒤집어쓴 오래된 물건들. 플리마켓이 재미있는 이유는, 쏟아져 나온 물건들이 주인공인 것 같지만 그 가치를 매기는 것은 사람이라는 점이다. 물건들을 기웃거리는 것도 재미있었지만 피어싱에 타투, 튀려고 안달한 듯한 헤어스타일, 옷을 입은 듯 벗은 듯한 사람들을 보는 것도 큰 재미였다.

Berlin

푸드트럭마다 줄이 길었고, 사람들은 어디든 자리 잡고 앉아 소시지와 케밥을 먹으며 병맥주를 들이켰다. 몸을 들썩이게 하는 음악에 홀려 버스킹 현장으로 갔다. 키보드와 퍼커션이 만들어내는 바이브에 몸이 자동으로 반응했다. 관객들의 호응을 유도하던 남자가 점프하듯 전자 바이올린을 집어 들었다. 섹시한 바이올리니스트는 즉흥적인 잼(jam) 연주로 피치를 올렸고 악기 케이스에는 동전과 지폐가 쌓였다. 수준 높은 공연에 대한 사소한 답례였다. 버스킹 무대는 다음 차례인 뮤지션에게 넘겨졌다. 공연장은 여기만이 아니다. 마우어파크의 원형 무대에는 노래 실력을 겨룰 수 있는 공연이 열린다. 일요일의 마우어파크는 흥이라는 것이 폭발한다.

'마우어'(mauer)는 독일어로 장벽을 뜻한다. 실제로 마우어파크의 위쪽에는 베를린 장벽이 있던 자리를 공원으로 조성한 기념 공원이 있다. 마우어파크도 예전에는 장벽이 무너져서 생긴 거대한 공터였다. 이제 사람들은 이 거대한 공간에서 물건과 예술을 매개로 뒤섞인다. 즉흥적이고 통쾌한 난장판이다. 엉망진창, 뒤죽박죽의 부정적 상태가 아니라 문화적 금기와 경계, 근엄한 규칙, 엄격한 형식이라는 장벽이 무너진 상태. 베를린이 베를린다움을 지켜가는 방식을 일요일의 마우어파크에서 볼 수 있다.

BERLIN

PEOPLE

그림 형제

노먼 포스터

케테 콜비츠

인물은 도시를 심층적으로 볼 수 있는 프레임이다.
그림 형제는 훔볼트 대학과 인연이 깊다.
노먼 포스터는 국회의사당에 유리 돔을 올림으로써
투명성과 소통이라는 개념을 건축으로 보여주었다.
전쟁으로 아들과 손자를 잃었던 케테 콜비츠는
'씨앗이 짓이겨져선 안된다'고 선 굵은 예술로 외쳤다.
베를린에 대한 우리의 해상도를 높여줄 인물들이다.

그림 형제가 그린 큰 그림

그림 형제

Wilhelm Grimm, 1786 ~ 1859

Jakob Grimm, 1785 ~ 1863

〈헨젤과 그레텔〉, 〈피리 부는 사나이〉, 〈브레멘 음악대〉, 〈개구리 왕자〉, 〈빨간 모자〉는 전 세계아이들에게 사랑받는 그림 형제의 작품들이다. 여기에 반전이 있다. 그림 형제가 동화 작가라고 생각하기 쉽지만 No!

그림 형제는 형인 '야콥 그림'과 동생인 '빌헬름 그림'을 말한다. 그림 형제는 언어학자이자 민속학자였다. 구전되던 민담을 수집하고 그것을 다듬어 책으로 엮은 것이 '그림 형제 동화 전집'이다. 형제는 평생 공동 작업을 했고, 1857년 마지막으로 업데이트한 전집에는 200편 이상의 동화가 실려 있다. 그림 형제 동화 전집은 유네스코 세계기록유산으로 등재되었고, 160개 언어로 번역되어 전 세계에 동화의 고전으로 통하고 있다.

그러나 그림 형제가 정리한 동화의 원형은 우리가 알고 있는 이야기와 많이 다르다. 최근에 '잔혹 동화'라는 이름으로 출간되는 이야기가 오히려 그림 형제가 쓴 원래의 동화에 가깝다. 신데렐라를 구박했던 언니들은 유리 구두에 발을 맞추기 위해 발뒤꿈치를 도려내기도 하고, 〈빨간 모자〉는 심부름 가는 길에 한 눈을 팔다가 늑대에게 잡아먹히는 것으로 이야기는 끝난다. 그림 형제는 잔인하고 부정적이더라도 당시의 사회상을 반영하고 구전되던 민담의 진실성을 살리고자 했다. 그림 형제의 동화는 독일의 헤센 주에 있는 그림 형제 박물관에서 더 자세히 만날 수 있다. 베를린에서 그림 형제의 영향력은 다른 곳에 있다.

베를린 도심인 운터 덴 린덴 거리에는 훔볼트 대학교가 있다. 1810년에 설립된 독일 최초의 종합 대학교인 이곳은 50명 이상의 노벨상 수상자를 배출한 명문이라 관광객들도 많이 찾는 곳이다. 그림 형제는 1841년부터 훔볼트 대학교(당시 프리드리히 빌헬름 대학교) 교수로 재직했다. 훔볼트 대학교는 세계에서 아름다운 도서관 중 하나로 손꼽히는 도서관을 보유하고 있는데, 도서관 이름이 그림 형제의 이름을 딴 '야곱-빌헬름 그림 센터'다. 그림 형제의 안내로 훔볼트 대학을 잠깐 둘러보자.

운터 덴 린덴 거리의 훔볼트 대학교 건물은 대학 본관에 해당하고 미테 지구 등 여러 곳에 캠퍼스가 흩어져 있다. 18세기 중반까지 궁전이었던 본관 건물은 바로크 양식의 고전미가 돋보인다. 학교 건립에 기여한 훔볼트의 조각상을 지나 내부로 들어가면 중앙 대리석 벽면에 금색 글자가 보인다. '철학자들은 세계를 여러 가지로 해석해 왔을 뿐이다. 중요한 것은 세상을 바꾸는 것이다.' 훔볼트 대학 출신인 카를 마르크스가 남긴 말이다. 카를 마르크스, 비스마르크 등이 이곳을 졸업했고 헤겔, 쇼펜하우어, 아인슈타인 등이 교수로 재직했다. 2층에는 아인슈타인을 비롯해 하이젠베르크, 슈뢰딩거 등 노벨상 수상자들의 액자가 걸려있다.

1층 로비에는 기획 전시가 전개되고 있었다. 러시아 침공으로 우크라이나 본국에서 사망한 학생들을 추모하는 전시였다. 전시 주제는 '미발급된 졸업장'. 럭비와 여행을 좋아하는 이바쉬첸코, 외교관을 꿈꿨던 학생운동가이자 동물애호가인 보리브스카 등 비운의 생을 마감한 학생들의 사진과 그들을 소개하는 글에 감정이 북받쳤다. 전시를 보는 사람들 모두 눈가가 빨갰다.

2009년 오픈한 중앙도서관을 가려면 대학 본관에서 조금 걸어가야 한다. 훔볼트 대학의 중앙도서관은 '잠들 수 없는 도서관'이라는 별명을 가지고 있다. 건물 구조를 보면 납득이 간다. 열람실은 중정을 가운데 두고 마주 보는 대칭 구조다. 또 계단식으로 개방되어 있어 어디에 앉든 자동으로 긴장감이 생성된다. 내부 사진을 한 장 찍을 때도 사방으로 눈치가 보여 진땀을 뺐다. 격자 형태의 반복된 패턴은 아름다운 레이아웃을 보여준다. 높은 천장고가 주는 개방감도 인상적이다. 천장에서 떨어지는 빛은 측광에 비해 3배 더 밝기 때문에 가시성이 좋을 뿐 아니라 공간에 깊이감을 만들어준다.

베를린에서는 도시계획 규정상 22m 이상의 건물을 지을 수 없지만 중앙도서관만큼은 38m 높이다. 도서관의 가치와 역할을 생각해서 예외를 적용한 것이다. 실제로 독일에서 가장 많은 장서인 150만 권을 보유하고 있다. 한 번 더 강조하자면, 베를린의 상징이자 새로운 랜드마크가 된 훔볼트 중앙도서관은 그림 형제의 이름을 딴 야곱-빌헬름 그림 센터다.

언어학자였던 그림 형제는 동화 전집 외에 독일에 중요한 업적을 남겼다. 독일어 사전을 편찬한 것. 1838년에 시작해서 16년이 걸린 초판본 사전은 독일의 민족 정체성을 확립해 주었다. 사전은 그림 형제의 사후에도 국가사업으로 이어져 122년 만에 총 33권으로 완성되었다.

이렇게 그림 형제의 발자취를 따라 훔볼트 대학을 탐방했다. 여행에서 도서관을 방문하는 게 무슨 재미가 있을까 생각한다면 속는 셈 치고 한번 가보시라 권하고 싶다. 몰랐던 단 한 가지라도 알게 되는 계기가 된다. 그게 뭐든 말이다. '훔볼트 대학 도서관 이름이 그림 센터인데, 야콥 그림과 빌헬름 그림의 형제 이름에서 따온 거래'. 이런 이야깃거리라도.

거장은 멀리 본다

노먼 포스터
Norman Roberts Foster, 1935 ~

유럽의 다른 도시에 비해 베를린에는 현대적 건축물들이 많다. 1990년 통일 이후 도시 재건을 위해 뒤늦게 개발되었기 때문이다. 이는 세계적인 건축가들이 베를린을 무대로 활동하게 되는 배경이 되었다. 프리츠커상 수상자인 노먼 포스터를 포함해서 말이다. 우리는 노먼 포스터가 설계한 건물을 보기 위해 브란덴부르크 문에서 멀지 않은 국회의사당을 찾아갈 것이고, 그 다음에는 도심에서 조금 벗어난 베를린 자유대학교를 방문할 것이다. 노장 건축가의 작품을 만나는 의미 있는 여정이 될 것이다.

고전적인 건물에 현대적인 유리 돔이 더해진 국회의사당으로 가보자. 방문을 희망하는 사람들이 많아서 온라인 예약을 하는 편이 좋다. 보안 검색대를 통과해서 엘리베이터를 타고 한 번에 유리 돔까지 올라갈 수 있다.

유리 돔은 두 가지 점에서 볼만하다. 하나는 의사당 내부를 내려다볼 수 있는 구조라는 점이다. 거대한 원뿔 형태의 거울 패널에 다가가면 발 아래 공간을 볼 수 있는 투명한 창이 있다. 서 있는 곳에서 바로 10m 아래가 국회 회의장이다. 투명한 민주주의를 상징하는 구조다.

다른 하나는 강철과 유리로 된 나선형 램프를 설치하여 방문객들이 베를린 시내를 360도 방향에서 조망할 수 있는 전망대 역할을 한다는 점이다. 티어가르텐의 울창한 숲과 도시의 스카이라인을 볼 수 있다. 국회의사당에 국정운영의 투명성과 전망대라는 공공성을 부여하여 랜드마크로 만들었다. 거장의 노련함이 돋보인다.

이전 국회의사당 건물은 1894년에 지어져 독일 제국주의 의회 건물로 사용되었다. 1933년 히틀러가 권력을 쥔 바로 그 해, 국회의사당에 불길이 치솟았다. 대화재였다. 히틀러는 이 화재를 공산주의자들의 반국가적 범죄로 몰아가면서 나치 독재 체제를 구축하는데 이용했다. 방화범의 단독 소행인지, 나치 정권의 자작극인지 진실은 재가 되었다. 이후 2차 세계대전에서 베를린 공습으로 국회의사당은 크게 파손되었고 분단 이후 오래 방치되었다. 재건 방법에 대한 많은 논의 끝에 신축이 아니라 기존 건물의 원형을 살리는 리노베이션을 하기로 결정되었다. 그리고 그 역할은 노먼 포스터에게 맡겨졌다.

노먼 포스터는 하이테크 건축의 대가로 통한다. 하이테크는 건축 공법만이 아니라 지속 가능성의 개념을 포함하고 있다. 스티브 잡스가 노먼 포스터에게 직접 의뢰하여 설계한 것으로 알려진 캘리포니아의 애플 신사옥은 100% 재생 가능한 에너지로 가동되는 친환경 건축물이다. 이 외에도 런던의 대표적 친환경 고층 건물이자 '거킨빌딩'으로도 불리는 오이 모양의 '30 세인트 매리 엑스' 역시 노먼 포스터의 작품이다. 독일의 국회의사당 유리 돔도 지속 가능성에 중심을 둔 하이테크 건물이다.

유리 돔으로 들어오는 빛은 중앙의 360개 거울 패널을 통해 회의실로 반사해 채광률을 높이고 남는 열은 뜨거운 물로 저장하여 난방이나 냉각 플랜트를 작동하는 데 쓴다. 의사당 건물 자체가 미니 발전소인 셈이다. 민주적이고 환경친화적인 국회의사당은 이렇게 완성되었다.

Berlin

이번에는 베를린 자유대학교로 가보자. 독일 분단으로 훔볼트 대학교가 동베를린에 속하게 되자 사회주의 시스템에 반대하는 지식인들이 국제사회의 도움을 받아 1948년에 설립한 대학교다.

노먼 포스터는 자유대학교의 문헌도서관 설계를 맡았다. 훔볼트 대학의 중앙도서관이 '잠들 수 없는 도서관'으로 불린다면, 자유대학교 문헌도서관은 '베를린의 두뇌'라는 별명을 가지고 있다. 불투명한 알루미늄 패널, 투명한 유리 패널, 노란색 강철 프레임을 써서 역동적인 이미지를 살렸다. 유리 패널로 빛이 투과되고 반투명 패널은 일광을 조절한다. 내부 온도에 따라 '뇌'의 외피를 열고 닫을 수 있어 자연채광과 환기도 가능하다. 내부의 열람실은 유기적인 곡선 형태다. 마치 뇌 속을 탐색하는 기분이랄까? 베를린의 지성을 상징하는 뇌 형태의 도서관. 노먼 포스터의 해석력을 볼 수 있다.

도시의 랜드마크를 보면 누가 설계한 건물인지, 어떤 특징을 가진 건물인지 궁금해진다. 이 궁금증은 꽤 유용하다. 다른 도시에 갔을 때 그 건축가의 이름을 듣게 되면 지식의 연결이 일어난다. 그렇게 관심이 확장되면 머릿속에 언젠가 '건축의 서랍'이 생길지도 모른다.

슬픔에 무너지지 않았던 존재

케테 콜비츠

Käthe Kollwitz, 1867 ~ 1945

화가이자 판화가, 조각가 그리고 평화주의자였던 케테 콜비츠. 베를린에서 콜비츠를 만나는 것은 어렵지 않다. 콜비츠 광장과 기념비, 콜비츠 미술관은 물론, 아트북 서점에도 콜비츠 관련 책은 눈에 띄는 자리에 있다. 사후 80년이 된 지금까지 콜비츠는 여전히 베를린을 상징하는 인물이다. 콜비츠는 노동자들과 빈민가의 아이들, 전쟁의 폭력성, 남편을 잃고 아이들을 책임져야 하는 어머니를 소재로 작품활동을 했다. 그녀는 둘째 아들을 1차 세계대전에서 잃고, 같은 이름을 붙여준 손자를 2차 세계대전에서 잃는 비극을 겪었다. 전쟁의 참혹함을 강인하고 섬세하게 표현해 온 그녀는 전쟁이 끝나기 8일 전 세상을 떠났다.

콜비츠를 극적으로 만날 수 있는 곳은 베를린 중심가인 운터 덴 린덴 거리의 '노이에 바헤'(Neue Wache)다. 직역하자면 신 위병소, 새로운 초소라는 뜻이다. 훔볼트 대학과 독일 역사박물관 사이에 있는 고전주의 양식의 단층건물이라 쉽게 눈에 띈다. 1818년 칼 프리드리히 싱켈이 설계한 노이에 바헤는 200년의 시간을 거쳐 다양한 용도로 변경되어 왔다. 독일의 근현대사가 관통한 공간이다.

프로이센 시기에 왕궁의 경비실이었던 이곳은 1차 세계대전 이후 전쟁 전사자를 위한 추모장소로 쓰였지만 히틀러 집권 시기에는 나치 군대와 전투를 찬미하는 의식에 악용되기도 했다. 2차 세계 대전 이후에야 독재와 전쟁 희생자를 위한 추모 공간으로 정체성을 획득했다. 내부가 노출되어 있지만 노이에 바헤에 들어서는 순간, 침묵이라는 공기를 들이마시게 된다. 텅 빈 공간에 놓여있는 한 점의 청동상 때문이다. 콜비츠의 〈죽은 아들을 안고 있는 어머니〉를 4배로 확대한 작품이다. 천장에 구멍이 뚫려 있어서 동상 위로 햇살이 부서지기도 하고 낙엽이 날아 들어오기도 한다. 한여름 소낙비를 그대로 버티던 동상 위에 겨울철에는 소복이 눈이 쌓이기도 한단다. 죽은 아들을 안고 있는 비통한 어머니에게 계절이 무슨 상관일까?

본격적으로 콜비츠 작품을 볼 수 있는 곳은 케테 콜비츠 박물관이다. 샤를로텐부르크 궁전 안에 있던 극장을 개조한 소박한 건물이다. 약 100여 개의 회화와 판화, 조각상이 전시되어 있는 박물관에서 그녀의 작품들과 강한 교감을 할 수 있다.

콜비츠는 1867년 부유한 가정에서 태어나 딸의 재능을 알아본 아버지 덕분에 베를린에서 미술 공부를 할 수 있었다. 의사 남편인 카를을 만나 결혼할 때까지 그녀의 삶은 순탄했다. 그러나 그녀의 관심은 노동자 계급에 있었다. 의사로서 빈민 구호활동을 했던 남편 덕분에 많은 빈민들을 만날 수 있었고 그들의 삶을 그림으로 표현했다. 이후 콜비츠는 연민보다는 그들의 단순한 삶에 아름다움을 느꼈다. 〈직조공의 봉기〉 시리즈(1893-1897)로 미술계에 주목을 받았지만 노동자 계급의 참상을 폭로하는 그녀의 그림은 대중적이지 않았다. 목탄과 에칭으로 작품 활동을 하던 콜비츠는 이후 판화에 주력한다.

1차 세계대전은 그녀를 송두리째 흔들어 놓았다. 둘째 아들인 피터가 자원 입대하고 얼마 지나지 않아 전사 통지를 받게 된 것. 그녀는 큰 상실감 속에서도 전쟁에 반대하는 작품활동에 전념한다. '다시는 전쟁이 없어야 한다', '어머니들', '전쟁 시리즈'가 대표작이다.

그녀는 또 한 번의 큰 비극을 맞게 된다. 1940년에 평생 자신을 지지하던 남편이 죽고, 둘째 아들과 같은 이름을 지어준 손자마저 2차 대전에서 잃게 된다. 그녀의 비통함은 죽음을 테마로 한 다양한 작품으로 표출된다.

특히 손자가 전사한 이후의 작품인 〈씨앗들이 짓이겨져서는 안 된다〉는 결연함과 비장함에 눈을 뗄 수가 없다. 공포에 질린 세 아이를 안고 있는 여인. 다시는 아이들을 전쟁에서 죽게 하지 않겠다는 의지는 어머니의 굳센 팔과 굵은 손마디에서 엿볼 수 있다. 괴테의 소설인 〈빌헬름 마이스터의 수업시대〉에서 가져온 제목은 어떤 타이틀보다 강렬하고 서사적이다.

포스터로 제작된 〈독일 어린이들이 굶고 있다〉 속 빈 그릇을 내미는 아이들의 까만 눈망울을 보면 울컥하게 된다. 매달리는 아이들의 목소리와 속으로 울음을 삼키는 어머니의 흐느낌이 들릴 듯하다.

콜비츠의 작품을 보고 가슴이 뜨거워지는 것은 어떤 사상 때문이 아니다. 단순한 선으로 표현했으나 진심이 응축되어 있는 호소력 때문이다. 전쟁의 폭력성, 고통받는 사람들에 대한 인도주의적인 시선, 아이들에 대한 책임감을 이렇게 강렬하게 표현한 작가가 또 있을까. 죽어가는 아이를 안고 허둥대는 엄마의 초점 잃은 눈, 이미 눈을 감은 아이 앞에서 갈 길 잃은 손은 보는 사람의 감정을 쥐고 흔든다. 뜨거운 진심과 뛰어난 소묘력. 사상의 프레임으로 콜비츠를 보기 전에 이미 우리 심장은 뛰고 있다.

콜비츠 박물관에 대해 이런 것도 팁이 될 수 있을까? 울컥하다 못해 코를 심하게 훌쩍일 수 있다.

Spot

마르크트할레 노인

국회의사당 앞 산책로

하케셰 회페

베를린의 라이프스타일을 엿볼 수 있는 곳들.

14개의 전통시장 중 9번째에 해당하는 마르크트할레 노인은

개발에 반대하고 시민들이 지켜낸 창고형 로컬 시장이다.

요일마다 조금씩 구성이 달라지는 마르크트할레 노인에서

사람들은 다양한 국적의 음식을 즐기며 자유롭게 섞인다.

국회의사당 앞 슈프레강은 도심에서 쉬는 법을 알려주며

로컬 가게들과 작은 정원들이 연결된 하케셰 회페는

오래되고 지역적인 곳이야말로 가장 세련된 곳임을 입증한다.

Berlin

지켜야 할 곳은 가까이 있다

마르크트할레 노인 Markthalle Neun

베를린 남쪽의 크로이츠베르크는 다양성을 대표하는 지역이다. 튀르키예 이주민들의 비율이 높은 이곳은 다양한 국적의 음식점들이 모여 있는 곳이기도 하다. 그 중심에는 마르크트할레 노인이 있다. '마르크트할레'는 독일어로 시장, '노인'은 9를 뜻한다. 9번째 시장이라는 이름에는 과거의 흔적이 남아있다. 베를린에는 1890년대에 14개의 상설시장이 생겼다가 역사의 풍랑 속에 사라졌다. 유일하게 남은 9번째 시장도 폐쇄될 위기였으나 지역 주민들의 반대로 유지되었다. 대형 마트로 재개발될 수 있었지만 주민들은 오랫동안 지역과 함께 해온 마르크트할레 노인을 선택했다. 지금의 마르크트할레 노인으로 오픈한 것은 2011년이다.

누군가 베를린에서 갈만한 식당을 묻는다면 마르크트할레 노인을 추천해 줄 작정이다. 이 다채로운 음식 부스로 채워진 마르크트할레 노인이라면 누구든 먹어보고 싶은 메뉴가 하나쯤은 있을 테니까. 튀르키예의 케밥, 스페인의 타파스, 중국의 딤섬, 이탈리안 홈메이드 파스타, 미국식 버거, 다양한 빵과 디저트를 즐길 수 있다. 복잡한 게 질색인 사람이라면 모르겠지만, 시끌벅적한 분위기도 시장이 주는 재미다.

사실, 마르크트할레 노인의 특징은 요일마다 특색 있는 장이 열린다는 점이다. 특히 목요일 저녁에 열리는 세계 스트리트 푸드 마켓이 유명하다. 금요일과 토요일에는 베를린 인근에서 생산되는 로컬 식재료로 풍성한 장이 열린다. 평일에도 먹거리와 볼거리는 많으니 언제 찾아가도 실망할 일은 없을 것이다.

'다르게 먹고 다르게 쇼핑하라.' 마르크트할레 노인이 내세우는 모토다. 다르게 즐겨보자. 마르크트할레 노인은 입구부터 북적였고 소시지를 굽는 그릴에서 연기가 피어올랐다. 사람들은 음식을 채집하기 위한 사냥꾼 모드로 부스를 살피고 있었고, 인기 있는 부스의 긴 행렬에 기꺼이 동참했다. 수제 맥주 부스부터 치즈, 생면, 올리브유, 향신료, 조리도구를 판매하는 곳까지 구경하면서 한참을 머물렀다.

마르크트할레 노인은 고유한 분위기가 있다. 높은 천장에서 내려온 빨간 전등, 벽돌로 만든 입구, 들쑥날쑥한 테이블, 손으로 쓴 메뉴와 사람 냄새나는 분위기. 크고 새로운 푸드코트는 어디든 생겨날 수 있지만, 시간의 밀도가 쌓인 공간은 어느 곳과도 대체될 수 없다. 역사성을 버리면 고유함도 잃게 된다. 우리의 시장도 새로운 구호가 필요하지 않을까? '낡은 것이 새로운 것이다.'

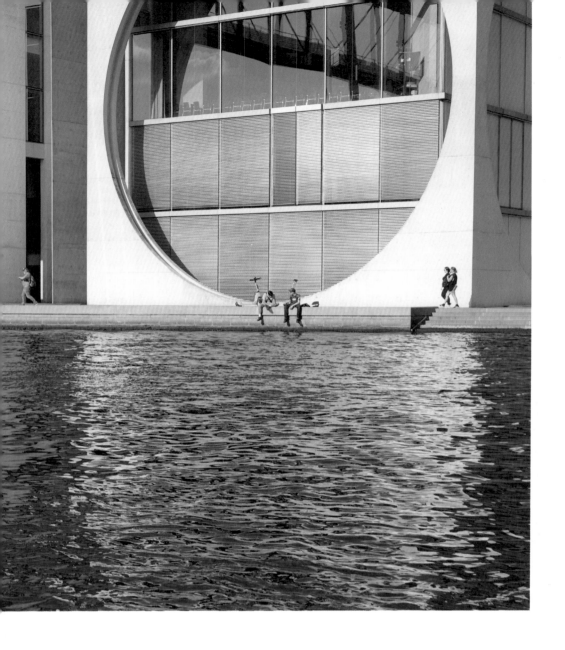

스윙을 배우고 싶어졌다

국회의사당 앞 산책로

녹지 비율이 30%를 넘는 베를린에는 곳곳에 공원이 있다. 가슴이 뻥 뚫릴 것 같은 템펠호프 공원에서도 그랬지만, 티어가르텐 안의 비어 가든에서 호탕하게 웃는 사람들을 보는 것만으로도 유쾌한 기분이 전염되는 것 같았다. 어디서 큰 쉼표를 찍었나 생각해 보니 의외로 이곳이다. 국회의사당 부근의 슈프레강 산책로. 관공서들이 밀집된 지역이라 별 기대를 하지 않은 탓일까?

유리 돔 건물로 유명한 국회의사당 부근에는 슈프레강을 따라 연방 의회 부속 건물들이 있다. 가장 눈에 띄는 것은 강을 사이에 두고 마주 보고 있는 포스트모던 양식의 두 건물. 건축에 조예가 깊지 않아도 기하학적인 조형미에 시선을 빼앗길 것이다. 국회의사당의 고전주의 건물과 대조가 되어 더 현대적이고 세련된 느낌이다.

국회의사당을 등 뒤에 두고 섰을 때, 오른쪽에 보이는 건물이 '파울 뢰베 하우스'(이하 PLH), 왼쪽에 보이는 건물이 '마리 엘리자베스 뤼더스 하우스'(이하 MELH)다. 독일 정치인들의 이름을 붙여서 우리에게는 길고 어렵게 느껴진다. 본에서 베를린으로 수도를 옮긴 1999년 이후 차례로 지어진 건물들이다. PLH는 2001년, MELH는 2003년에 완공되었다. 의원들의 집무실과 회의실, 의회 도서관과 대회의장 등 정치인들이 일하는 곳인데 특이한 점은 모두 외벽이 유리라 외부에서 내부가 보인다는 점이다. 업무에 집중하기 위해서 블라인드를 내릴 수야 있겠지만. 아무튼, 국회의사당의 유리 돔과 같은 맥락으로 보자면 투명하고 소통하는 정치를 하겠다는 의지로 보인다. 이 두 건물 모두 '슈테판 브라운펠스'가 설계했다. 뮌헨의 대표적인 미술관인 '피나코테크 현대미술관'을 설계한 것으로 더 유명한 독일 건축가다.

슈프레강을 사이에 두고 마주 보고 있는 PLH, MELH 건물 그리고 이 둘을 잇는 날렵한 모양의 육교. 이 다리는 동과 서를 연결하는 상징물로 전해진다. 방향상으로는 MELH가 슈프레강 동쪽에 위치하고 PLH가 서쪽에 위치하지만, 건물의 방향으로 동과 서를 따지는 것은 의미없는 일이다. 그것보다 중요한 것은 두 건물이 떨어져 있지만 다리로 연결되어 있다는 점이다. 각각 독립성을 유지하면서도 자연스럽게 연결되어 있어, 다리 위에 서면 유리를 통해 양쪽 건물 내부를 볼 수 있다.

이곳에 도착했을 때 한낮이 지나고 조금씩 해가 기울고 있었다. 유리 건물 앞에서 탱고를 추는 커플이 보였다. 보여주기 위한 공연이 아니라 연습 중인 듯했다. 하얀색 콘크리트 건물에 푸른색의 원형 유리창이 도드라진 MELH 건물 앞에는 스윙 수업이 한창이었다. 수강생들은 자신의 모습을 유리 거울로 확인하며 리듬을 타기 시작했다. 주책맞게 자꾸 고개가 그쪽으로 돌아갔다. 강바람을 맞으며 스윙을 추는 사람들. 그 속에 있으면 좋겠다고 생각했다. 강바람이 묵직한 피로감을 밀어내면서 내 안으로 큰 쉼표가 들어왔다. 여기를 베를린의 쉼표 구간으로 꼭 소개하고 싶어졌다.

꼬리에 꼬리를 물고 이어지는 로컬가게들

하케셰 회페 Hackesche Höfe

하케셰 회페. 하케셰 회페. 여러 번 중얼거려 봐도 좀처럼 외워지지 않는 이름이다. 발음하기 어려워서 말이 자꾸 꼬인다. 재미있는 가게들이 모여 있는 이곳은 공간도 꼬여 있다. 걸어 들어가면 중정이 나오고, 걸어가다 보면 또 중정이 나오는 식으로 8개의 정원이 연결되어 있다.

미테 지역에 있는 하케셰 회페는 어디를 검색해도 베를린의 명소로 소개되는 장소다. 하케셰 시장 가까이에 있어서 '하케셰'라는 이름을 가져왔고, 뒤에 붙은 '회페'는 독일어로 호프(중정 혹은 안뜰)의 복수형이다. 1층은 로컬 가게들이고 위층은 주거 공간인 주상복합 단지다. 천천히 둘러보자. 눈이 닿는 곳마다 볼 거리가 있다.

입구에 들어서자마자 정면에 보이는 건물 앞에서 사람들은 카메라를 꺼내 든다. 곡선의 디자인과 다양한 색감, 독특한 패턴의 타일이 눈길을 끈다. 아르누보 건축양식으로 독일에서는 '유겐트슈틸'이라고 한다. 또 다른 중정에는 작은 분수가 있고, 담쟁이와 나무들이 자연스럽게 건물을 감싸고 있다. 방문객들에게 많이 노출되어 있는 첫 번째와 두 번째 중정에는 주택이 없고, 나머지 중정에는 로컬 가게들과 주거공간이 결합되어 있다. 1층에 있는 40여 개의 가게들이 모두 특색 있고 재미있다. 영화관, 타일 가게, 핸드메이드 구두 가게, 가죽 공방 등 다른 곳에서는 보기 드문 로컬 가게들로 이루어져 있다.

동독 '신호등 맨'을 주인공으로 한 암펠만 기념숍도 이곳에 처음 생겼다. 베를린에서 3대째 제과점을 운영 중인 '아셀리'(Aseli)에서는 생쥐 모양의 마시멜로우를 판다. 빨간 눈에 폭신한 하얀 생쥐가 사실적이라 할로윈 간식으로 좋겠다는 생각을 했다.

'잇 베를린'(EAT BERLIN) 가게 앞에는 TV 송신탑을 타고 있는 곰이 보인다. 베를린 어디에서나 보이는 TV 송신탑은 368m 높이로, 1969년 분단 체제의 동독이 사회주의 체제의 우월성을 과시하기 위해 지었다. 당시 소련이 만든 최초의 인공위성인 스푸트니크의 디자인을 가져왔다. TV 송신탑을 '킹콩'처럼 타고 있는 곰 로고는 딱 봐도 베를린 브랜드다. 머스터드와 드레싱을 제조하는 회사가 운영하는 가게다. 베를린의 소규모 제조업체를 위한 편집 숍으로 소스나 향신료 등 다양한 로컬 푸드를 구입할 수 있다.

1906년에 지어져 파란만장한 베를린의 역사와 함께 하다가 통일 이후인 1995년에 현재의 모습으로 복원된 하케셰 회페. 8개의 공간이 교차된 복합 주거 단지에 그쳤다면 지금처럼 방문객들을 끌어들이지 않았을 지도 모른다. 혹은 이 공간이 우리가 잘 아는 상업 브랜드들로 채워졌더라도 지금 같은 분위기는 아니었을 것이다. 중정끼리 연결되어 사람들을 끌어들이는 길, 로컬 가게들이 만드는 이야기가 하케셰 회페의 매력을 만든다. 중정은 이어지고 이야기는 계속된다.

167

Shop

임시 바우하우스 아카이브 뮤지엄

슈텐디게 페어트레퉁

두스만 외 서점 4곳

더반 / 아인슈타인 커피

다른 도시와 차별화되는 베를린 가게들을 선별했다.

모던한 디자인의 아이템을 판매하는 바우하우스 기념 숍,

독일식 돼지 구이로 입지를 굳힌 슈바인스학세 가게,

섹시한 매력을 발산하는 서점 다섯 곳과

상반된 카페 문화를 엿볼 수 있는 카페 두 곳을 방문했다.

끝없는 확장

임시 바우하우스 아카이브 뮤지엄

the temporary Bauhaus Archiv Museum für Gestaltung

모더니즘 디자인과 건축에 큰 영향을 미친 '바우하우스'는 2019년에 100주년을 맞았다. 바로 그 해에 '바우하우스 아카이브 뮤지엄'은 3배 증축을 예고하며 대대적인 공사에 들어갔다. 바우하우스의 초대 교장이었던 발터 그로피우스가 1979년 설계한 건물이 어떻게 바뀔지는 아직 모른다. 목표했던 완공일은 지났지만 여전히 공사 중이고 언제 완공될지 알 수 없다. 대신, 공사 기간 동안 임시 바우하우스 아카이브를 오픈하고 있다. 베를린 공대 부근에 있는 이곳은 바우하우스를 간단히 경험할 수 있는 갤러리 숍이다.

바우하우스는 1919년에 바이마르에서 설립되어 데사우에서 짧은 전성기를 맞고, 베를린으로 옮기자마자 1년 만에 나치에 의해 폐교된 독일 최초의 예술종합학교다. 바우하우스는 장식적 요소 대신 기능을 강조하며 예술과 공학, 그리고 창작과 기술의 통합을 주창했다. 건축은 물론 가구, 공예, 그래픽 디자인, 타이포그래피에 이르기까지 기하학적인 절제미를 추구했던 바우하우스의 영향력은 끝이 없어 보인다. 임시 바우하우스에서 바우하우스의 미학을 잠시 경험해 보자.

바우하우스 학생이었던 빌헬름 바겐펠트가 100년 전에 디자인한 테이블 램프는 인테리어에 관심 있는 사람에게는 로망의 아이템이다. 미니멀한 체스 판 위의 말들은 바우하우스 교수였던 요제프 하트비히가 디자인했다. 원뿔형 뚜껑을 닫으면 냄새가 차단되는 기능적인 재떨이는 마리안 브란트 작품이다. 디자인 원칙이 분명하기 때문에 누가 어떤 제품을 디자인하더라도 모두 바우하우스의 동심원 안에 들어온다. 역사상 단 14년간 존재했던 바우하우스의 영향력이 새삼 놀랍기만 하다.

슈프레강 옆 슈바인스학세

슈텐디게 페어트레퉁 Ständige Vertretung

'슈바인스학세'를 독일식 족발로 소개하는 사람들이 의외로 많다. 족발의 특징을 쫀득쫀득한 식감이라고 생각하는 사람이라면 동의하기 어려울 것이다. 슈바인스학세는 천천히 속까지 익히고 오븐으로 겉을 바삭하게 구워 낸 돼지다리 구이다. '슈바인'은 독일어로 돼지, '학세'는 무릎을 말한다. 돼지다리가 재료지만 족발처럼 발 부위까지 쓰지는 않는다. 독일의 대중적인 돼지고기 요리라 슈바인스학세 식당은 많다. 그러나 우리나라 사람에게 유난히 인기가 많은 슈프레 강변의 슈텐디게 페어트레퉁을 일부러 찾아갔다.

강을 따라 길게 야외 테이블이 놓여있고, 실내도 넓다. 강을 보며 식사를 할 수 있다는 점 외에 이 식당의 특징은 테트리스처럼 벽을 채운 사진들이다. 이곳을 방문한 유명인들로 착각할 수 있지만 사실은 지난 40년 격동의 독일을 보여주는 사건과 인물들이다. 해외 몇몇 언론에 '독일의 현대사를 읽을 수 있는 교본 같은 식당'으로 소개된 모양이다. 메뉴 앞장의 소개 글에 나와있다. 그렇다고 역사가 오래된 집은 아니다. Since 1997. 독일 수도가 본에서 베를린으로 옮겨지기 2년 전이다.

음식이 나왔다. 슈바인스학세는 칼을 대자마자 뼈와 고기가 분리되었다. 구운 감자와 양배추를 발효시켜 절인 '사우어크라우트', 겨자 소스가 함께 나왔다. 누가 봐도 딱 맥주 안주다. 한국어 메뉴판이 따로 있을 정도로 한국 사람들이 이미 검증한 맛이다. 고개를 돌리면 바로 보이는 강변 풍경이 포만감을 더해준다. 음식은 맛있고 강바람은 시원했다. 여름이었다.

철도 아래 서점

뷔허보겐 Bücherbogen am Savignyplatz

명품 거리로 알려진 쿠담에서 한두 블록쯤 떨어진 곳에 사
비니 플라츠라는 작은 광장이 있다. 쿠담 분위기와는 딴판이
다. 개성 있는 가게들이 많고, 예술적인 분위기가 감돈다. 동
네 분위기를 이끄는 것은 단연 예술 전문 서점인 뷔허보겐이
다. 사비니 플라츠 역 바로 아래 있어서 눈에 확 띈다. '뷔허'
는 독일어로 책들, '보겐'은 아치 형태를 뜻한다. 뷔허보겐이
라는 이름을 세 번 반복해서 쓴 간판부터 크리에이티브하다.
뷔허보겐은 1980년부터 이 자리를 지키고 있다.

실내에 들어가면 레드 카펫을 깔아 놓은 듯한 바닥 디자인
이 인상적이다. 5개의 공간이 작은 통로로 이어져 있는 이곳
은 미술, 디자인, 패션, 사진 등 예술 전문 서적부터 고가의
희귀 서적이나 인기 전시의 절판된 도록까지 2만 5천여 권
의 책을 갖추고 있다. 샤넬을 이끌었던 독일 출신의 패션 거
장, 칼 라거펠트가 생전에 단골이었던 서점으로도 유명하다.

아트북이 많아서 독일어에 익숙하지 않은 방문객들도 볼 거
리가 많다. 기차가 지나가면서 내는 덜컹덜컹 소리와 진동이
별로 거슬리지 않는다. 종이책과 기차역의 조합, 뷔허보겐은
아날로그 감성을 일깨워준다.

예술 서점의 대표주자

발터 쾨닉 Buchhandlung Walther König

베를린에서 방문했던 미술관마다 예술 서점이 있었다. 처음에는 단순히 갤러리 숍이라고 생각했다. 보통 미술관 출구에 전시 관련 굿즈를 구입할 수 있는 숍이 있는 것처럼. 그런데 베를린 미술관은 좀 달랐다. 굿즈보다는 책이 중심인 서점들이었다. 박물관섬의 미술관뿐만 아니라 그로피우스 바우, 함부르크 반호프 미술관 등 베를린의 대형 미술관에서 만날 수 있는 서점. 바로 발터 쾨닉이다.

1969년 '발터 쾨닉'이 창업하여 지금은 그의 아들이 운영하고 있는 대형 서점 체인이다. 미술계 인사들의 네트워크가 되었다가 예술 전문 출판사를 설립하여 영향력을 키워왔다. 대중의 관심을 받지 못한 예술가들을 소개하는 등 지금까지 약 4천 권의 출판물을 냈다.

박물관섬 부근에 발터 쾨닉 서점이 있다. 발터 쾨닉의 진면목을 볼 수 있는 지점이다. 블랙 컬러의 책장에 책들이 빼곡하다. 꽂혀 있는 책들과 표지가 보이도록 진열된 책들이 균형을 이루고 있어서 마치 입체 패턴을 보는 느낌이다. 안쪽으로 들어갈수록 책의 다음 장을 넘기는 것처럼 새로운 공간이 계속 전개된다. 다양한 장르의 아트북은 물론 이론서들도 많아서 웬만한 예술 관련 책들은 이곳에 다 있다.

발터 쾨닉 서점은 독일 전역에 흩어져 있다. 50년 이상 예술 전문 서점을 유지한다는 것은 그만큼 시장의 수요가 있다는 증거가 아닐까? 예술 도시 베를린이라는 수식어는 그냥 붙은 게 아니다.

베를린의 '인싸'
두유 리드 미 do you read me?!

배우 '정유미 에코백'으로 유명해진 서점이 있다. 미테 지역에 있는 '두유 리드 미?!'(do you read me?!) 얘기다. 그녀의 에코백이 미디어에 노출되지 않았어도 우리나라 사람들에게 베를린에 있는 이 작은 독립서점이 핫해졌을까? 워낙 인기를 끌다 보니 온라인 구매 대행도 가능한 모양이다. 에코백을 사는 것은 각자의 취향이지만 서점이 이렇게 묻는 것같다. 두유 리드 미?

두유 리드 미 서점을 찾는 것은 어렵지 않았다. 손바닥만 한원목 간판보다 입구부터 붐비는 사람들이 간판 역할을 대신해 주었다. 두유 리드 미는 2008년에 그래픽 디자이너인 마크 키슬링이 만든 서점이다. 전 세계의 감각적인 매거진과아트북, 다양한 테마의 독립 출판물들을 판매한다. 작지만구석구석 예쁘다. 특히 한쪽 벽에 진열된 책들은 눈으로 훑기만 해도 감각이 업그레이드되는 기분이다.

예쁘고 인기 많은 독립서점이 안고 있는 문제를 여기에서도볼 수 있었다. 책을 만지는 사람들은 많지만 그만큼 구입하는 사람은 많지 않다는 점. 그래서 진열된 책은 훼손될 수밖에 없다는 점. 베를린에서 쓸데없는 오지랖일까?

자기 주장이 강한 서점

모토 Motto Berlin

모토는 예술가 지역인 크로이츠베르크에 있다. 자유분방한 그라피티를 유난히 많이 볼 수 있는 지역이다. 모토 서점은 그라피티와 대조되는 단정한 간판 때문에 오히려 눈에 띄었다. 모토에 밑줄 쫙.

오래된 공장의 일부를 개조해서 만든 공간은 입구부터 범상치 않았다. 입구를 들어가면 안마당이 나오고 안쪽에 모토 서점 입구가 보인다. 공간은 낡았지만 숨은 보물창고 느낌이 있다. 반지하 구조라 문을 여는 순간 서점 내부가 한눈에 들어온다. 쉽지 않은 책들이라는 직감이 온다. 시각 예술 관련 책이나 도록, 인쇄물 등 실험적인 독립 출판물들을 판매한다. 매우 소량으로 인쇄된 실험적인 프로젝트를 포함해 개인 출판물은 물론 매거진도 있다. 2008년 프랑스 사진작가가 오픈한 서점이다.

베를린에는 예술 전문 서점이 많지만 모두가 다른 지향점을 가지고 있다. 서브컬처를 내세우는 모토는 베를린의 다양성을 보여주는 지표다.

자정이 돼야 불을 끈다

두스만 Dussmann das KulturKaufhaus

두스만은 서점이라기보다는 문화 백화점에 가깝다. 책은 상
품의 큰 축이자 기본이고, 여기에 각종 문화 콘텐츠와 다양
한 상품들이 5개 층을 채우고 있다. 레드 컬러의 내부 공간
은 에너지가 넘치고, 1층부터 4층까지 뚫려 있어 시원한 개
방감을 준다. 게다가 군데군데 테이블과 좌석이 많아서 책을
여유 있게 볼 수 있다.

무엇보다 두스만의 가장 큰 특징이자 장점은 지하 1층의 음반 코너. 클래식 보유량은 유럽 최대라고 한다. 음반 코너로 직행하는 고정 고객들도 많다. CD, LP 등을 다양한 기준으로 큐레이션 하고 편안하게 청음 할 수 있는 시설을 갖추고 있을 뿐만 아니라 음반을 출시한 뮤지션들의 음악회가 열리기도 한다.

7시면 대부분의 가게가 문을 닫는 베를린에서 두스만은 예외적으로 12시까지 운영하는 서점이다. 자정이 돼야 베를린의 서재는 불이 꺼진다.

신경 쓰는 건 커피 하나로 충분하니까

더반 THE BARN Berlin

미테 지역을 돌아다닐 때였다. 더반 카페를 찾아가는 길이었는데, 한국어가 귀에 콕 박혔다. "이 부근 맞다니까!" 구글 지도를 켜고 그들이 향한 곳은 아니나 다를까, 더반이었다. 더반의 야외 테이블에는 그 팀 외에도 한국 방문객 한 팀이 더 있었다. 더반은 '베를린에 간다면 가야 할 곳' 리스트에 올라와 있는 게 분명하다.

더반은 신선한 제철 싱글 오리진 원두만을 고집하는 스페셜티 커피 전문점이다. 생산지를 알 수 있는 원두를 직접 로스팅 하기 때문에 원두 자체 판매량도 많다. 우리나라에는 2022년에 여의도 더현대에서 길게 팝업 스토어를 열어 인지도를 높였고 현재는 부산과 대구에 매장이 있다.

베를린의 더반은 어느 지점이든 인테리어가 미니멀하다. 이 정도면 공간에는 거의 신경을 안 쓴다고 해도 될 정도. 패키지도 군더더기 없는 크래프트 봉투가 전부다. 신경을 쓰는 것은 커피뿐. 주문 후 시간이 좀 걸리더라도 기다려 줘야 한다. 그들은 커피 브루잉에 온통 신경을 쓰고 있으니까. 롱블랙은 향이 짙었고 플랫화이트는 진하고 고소했다. 지속 가능한 원두 공급과 커피 맛에 집중하는 더반. 이런 고집이 있어서 좋다.

폰은 잠시 넣어두고
아인슈타인 커피 EINSTEIN KAFFEE

아인슈타인 커피(이하 아인슈타인)는 베를린 방문객들의 동선에 있다. 운터 덴 린덴 거리, 비키니호텔 1층, 박물관 섬 부근, 베를린 중앙역, 체크포인트 찰리, 이스트사이드 갤러리 등을 걷다보면 몇 번은 마주치게 된다. 버건디 컬러에 정직한 타이포그래피 간판. 아인슈타인은 1978년 비엔나 커피하우스 콘셉트로 시작한 로컬 카페다. 20개가 넘는 매장 중에서 여전히 초기 콘셉트를 유지하고 있는 곳으로는 운터 덴 린덴의 아인슈타인이 유명하다.

자리를 안내받을 때까지 입구에서 기다리는 것도 프랜차이즈 카페로는 특이하다. 블랙 베스트를 입은 남자 직원의 안내를 받아 자리에 앉으니 두툼한 메뉴판을 건네준다. 수제 애플파이로 유명한 곳이지만, 그 외에 디저트나 식사 종류도 다양하다.

고급스러운 내부 인테리어를 보다가 카페 풍경이 낯설다고 느꼈다. 요즘 카페라면 노트북으로 작업하는 사람이 한 명은 있기 마련인데 주위를 둘러보니 테이블마다 '사교'에 집중하고 있는 모습이었다. 천천히 식사를 하며 상대의 목소리에 귀 기울이는 모습이 왠지 요즘 카페 같지 않았다. 문득, 담화를 나누며 교양을 쌓던 카페의 옛 버전인 살롱을 상상해봤다. 적어도 그때는 상대를 앞에 두고 각자의 폰을 들여다보는 일은 하지 않았겠지. 이어폰이 아니라 누군가의 입에서 흘러나오는 이야기에 귀를 곤두세웠을 것이다. 커피와 디저트가 도착했다. 서빙하는 손길이 정중했다. 디저트를 곁들여 커피를 마셨다기보다는 카페라는 공간을 새롭게 경험한 곳. 베를린의 아인슈타인에서는 폰을 잠깐 넣어 두어도 좋다.

Brand

버디 베어

암펠만

비키니 베를린

베를린이라는 브랜드, 브랜드로서 베를린을
보여줄 수 있는 상징물들을 골랐다.
평화를 기원하는 국제적인 예술 프로젝트이자
베를린을 대표하는 조형물 버디 베어,
동독 신호등 속 캐릭터에서 베를린의 상징으로
공공 디자인의 좋은 사례가 된 암펠만.
가난하지만 섹시한 베를린을 연상시키는
과감하고 실험적인 복합공간인 비키니 베를린.
모두 베를린이라는 이야기를 담고 있다.

Berlin

우리 손잡지 않을래?

버디 베어 Buddy Bear

베를린 하면 떠오르는 동물은 당연히 곰이다. 맥주병에도, 베를린 시 깃발에도, 베를린 영화제 트로피에도 온통 곰이니까. 같은 곰이지만 생긴 건 조금씩 다르다. '베를리너 필스너' 라벨의 곰은 맥주잔을 나르고 있고, 베를린 시 깃발 속 곰은 직립한 채 포효하고 있다. 베를린 영화제 황금곰상 트로피의 곰은 입체적이고 앙증맞다.

베를린 도심에서 많이 보이는 곰은 두 발을 번쩍 들고 있었다. 왜 하나같이 만세 포즈를 취하고 있는지 궁금했다. 2m 크기에 두 발을 올린 조형물은 '버디 베어'라는 이름을 가지고 있다. 2002년부터 지금까지 해마다 전 세계를 순회하는 월드 스타다. 2005년에는 버디 베어들이 방한하기도 했다. 올림픽공원 평화의 광장에 125마리의 곰들이 원형으로 전시되었다. 그때는 그 곰이 이 곰인지 몰랐다.

버디 베어는 독일 작가인 에바 헤어리츠와 클라우스 헤어리츠 부부가 2002년 기획한 '유나이티드 버디 베어'(United Buddy Bear) 프로젝트의 주인공이다. 이 국제 공공예술 프로젝트에는 독일 통일을 계기로 세계 평화와 화합을 기원하기 위해 140여 개국 작가들이 참여했다. 각 나라의 버디 베어는 그 나라의 문화, 역사, 전통, 지형 등을 모티브로 디자인되어 고유한 정체성을 가지고 다시 태어났다. 버디 베어는 함께 있을 때 더 빛난다. 이제 버디 베어가 왜 만세 포즈를 취하고 있는지 의문이 풀린다. 두 발을 뻗어 올린 버디 베어들은 나란히 서 있으면 손을 맞잡은 것처럼 보인다. 원형으로 서 있으면 화합은 극적으로 표현된다. '서로를 잘 알아야 이해할 수 있고, 더 신뢰할 수 있고, 함께 잘 살 수 있다'라는 헤어리츠 부부의 기획 의도는 결국 '상생'으로 요약된다.

20년 전 프로젝트를 소개하는 이유는 여러 가지다. 20년째 지속하고 있는 공공예술 프로젝트라는 점에서 여전히 의미가 있고, 현재도 선한 영향력을 행사하고 있으며, 특히 베를린이라는 브랜드 관점에서 도시 브랜딩의 주목할 만한 레퍼런스이기 때문이다.

베를린 거리에서도 여전히 버디 베어를 볼 수 있고, 전 세계 투어는 계속 이어지고 있다. 베를린을 시작으로 홍콩, 이스탄불, 도쿄, 서울, 시드니, 빈, 카이로, 예루살렘 등을 거쳐 2018년에는 발트 3국 중 하나인 라트비아의 수도인 리가, 2024년에는 슬로베니아의 수도인 류블랴나에 갔다. 평화와 화합의 메신저로서 지구촌 구석구석을 찾아다니는 느낌이다. 게다가 버디 베어는 전시로 끝나는 것이 아니라 전시 후 판매되어 전 세계에 도움이 필요한 어린이들을 위한 기금으로 쓰인다.

버디 베어는 이스트사이드 갤러리에도 있고, 베를린 중앙역에서도 볼 수 있다. 지구 환경을 위한 메시지를 발신하기도 하고, 베를린의 캐릭터로서 도시 브랜딩에도 기여한다.

버디 베어를 작은 사이즈의 예술품으로도 만날 수 있다. 베를린의 유서 깊은 카데베(KaDeWe) 백화점에는 버디 베어 매장이 있다. 다양한 예술가들이 디자인한 버디 베어를 구경하다 보면 작은 사이즈 하나쯤 소장하고 싶다는 욕구가 생긴다. '곰은 폭신폭신하고 귀여워야 한다'는 오랜 철칙도 버리게 만드는 곳이다. 형태는 똑같지만 어떤 디자인을 입히느냐에 따라 버디 베어의 스펙트럼은 무한히 커진다.

도시 브랜딩은 이런 게 아닐까? 곰이라는 도시의 자산으로 판을 깔아주는 것. 참여할 명분을 주고 크리에이터들이 가지고 놀면서 이야기가 확장되도록 하는 것. 버디 베어 프로젝트를 다시 보자. 베를린이라는 도시 브랜딩에 전 세계 크리에이터들이 참여하는 결과를 가져왔다. 이 글의 처음에 꺼낸 이야기처럼 베를린 하면 곰이 떠오른다. 아니, 곰을 보면 베를린이 떠오를 지도 모른다.

Berlin

신호등 맨의 구사일생

암펠만 Ampelmann

'1960년대 디자인이 어떻게 전혀 촌스럽지가 않지?' 실물 암펠만을 본 첫 인상이 그랬다. 암펠만의 인기는 이 숍을 찾는 수많은 사람들이 증명해 준다. 베를린 방문객이라면 암펠만 숍을 지나치기 힘들다. 아니, 암펠만 숍이 보일 때마다 이미 몸이 숍으로 향할 수도 있다.

보통 캐릭터 상품은 캐릭터들의 다양한 이야기로 확장되기 마련인데, 암 펠만은 딱 두 가지 모습뿐이다. 힘차게 보행하는 초록색 암펠만, 그리고 양팔을 벌리고 서있는 빨간색 암펠만. 원형 그대로의 캐릭터지만 굿즈 의 종류는 다양하다. 키링과 자석이 가장 손쉽게 살 수 있는 암펠만 굿 즈이지만, 문구류, 식품류, 생활 용품과 패션 잡화까지 고르기 힘들 정 도로 많다.

암펠만의 정식 소개가 늦었다. 암펠만은 신호등이라는 뜻의 '암펠'(ampel) 과 사람을 뜻하는 '만'(mann)의 합성어다. 말하자면 신호등 맨이다. 원래 1960년대 동독에서 개발된 신호등 디자인인데, 통일 이후 서독 신호등 으로 교체될 뻔하다가 구사일생으로 살아났다. 마치 우여곡절을 겪은 한 사람의 이야기 같다.

암펠만은 그냥 나온 디자인이 아니다. 1960년 초 동독의 교통 체계는 운 전자 중심으로 설계되어 있어서 보행자의 사고율이 높았다고 한다. 당시 동독 정부는 교통 심리학자 칼 페글라우 박사에게 디자인을 의뢰했고, 칼 박사는 어른에 비해 인지 능력이 떨어지는 아이들과 시력이 좋지 않은 노 인들을 위한 보행자용 신호등을 개발했다. 신호등 속 암펠만을 보면 캐릭 터가 차지하는 부분이 넓은 것을 알 수 있다. 중절모를 쓰고 큰 보폭으로 걷는, 배 나온 암펠만은 검은 바탕에 초록색 면적을 넓히기 위한 의도였 다. 빨간색 암펠만도 마찬가지. 다른 나라의 빨간 신호등이 서 있는 사람 모습이라면 암펠만은 두 팔을 펼쳐서 멈춤을 더 적극적으로 표현한 동시 에 빨간색의 면적을 넓혔다.

1990년 통일 이후, 동독을 유지하던 많은 시스템은 서독에 비해 열등한 것으로 인식되었다. 일반적인 서독 신호등으로 교체될 위기에 있었던 암펠만을 구제한 것은 오히려 서독 산업 디자이너, 마르쿠스 헤크하우젠이 었다. 폐기된 암펠만 일부를 1996년에 다시 신호등 램프로 복원하고 원 작자인 칼 페글라우 박사와 함께 다양한 상품으로 응용하여 큰 화제를 모 았다. 문화적으로 소외감을 느꼈던 동독 시민들은 물론 서독 시민들도 폭 발적으로 환영했다. '암펠만 구제 위원회'가 설립되고 많은 사람들이 암 펠만 살리기 캠페인에 동참하여 암펠만은 신호등 맨으로 돌아올 수 있었 다. 이것이 암펠만이 살아남아 독일을 대표하는 공공 디자인으로 인정받 게 된 배경이다. 드라마 같은 이야기다.

낡고 무너진 것에서도 역사와 도시의 정체성을 발견하고 함부로 폐기하 지 않는 도시. 개발의 논리로 사라질 위기에 있었던 많은 것들이 시민들 의 힘으로 살아남았다. 폭격 받아 부서진 교회도, 베를린 장벽의 일부도, 기능을 상실한 공항도 그리고 암펠만까지. 시민이 지켜낸 이 모든 것들 은 베를린이라는 도시를 브랜딩 하는 자산이 된다. 암펠만은 독일을 대 표하는 공공 디자인이자 베를린이라는 브랜드의 가치를 높여주는 핵심 이 되었다.

Berlin

이름의 강력한 후광 효과

비키니 베를린 Bikini Berlin

'베를린은 가난하지만 섹시하다'. 2001년부터 14년간이나 베를린 시장을 역임한 클라우스 보베라이트가 한 말이다. 벌써 20년 전 일이지만, 베를린을 묘사하는 말로 여전히 회자되고 있다. 그래서일까? 비키니 베를린이라는 '섹시한' 이름을 들었을 때 뭔가 베를린스럽다는 인상을 받았다. 한번 머리에 박힌 말은 이렇게 힘이 세다.

비키니 베를린은 베를린 중앙역에서 차로 10분 거리에 있다. 베를린을 처음 방문한 사람들에게 비키니 베를린이라는 간판 글자는 섹시한 도시라는 인상을 한 번 더 각인시킨다. 비키니 베를린이 위치한 곳은 백화점과 명품 브랜드 매장들이 늘어선 쿠담 거리. 가난과는 거리가 먼 번화가다.

비키니 베를린은 사무실 건물을 포함하여 각종 브랜드 매장, 식당가, 극장, 카페, 작은 갤러리, 호텔 등 다양한 상업시설이 모여 있는 복합공간이다. 200m쯤 동서로 길게 뻗어 있다.

비키니 베를린은 오랜 역사를 가지고 있다. 그만큼 상징성도 크다. 전후 베를린이 동서로 분단되면서 비키니 베를린이 위치한 지역은 서베를린에 속하게 되었다. 도시 재건과 서베를린의 개방적이고 세련된 이미지를 조성하기 위해 지어진 건물이 바로 비키니 베를린이다. 동물원과 맞닿아 있기 때문에 원래 이름은 동물원의 중심이라는 뜻의 '첸트룸 암 추'(Zentrum am Zoo)였지만, 돌기둥을 경계로 위층과 아래층이 나뉘어진 건물 구조가 비키니를 연상시킨다고 해서 비키니 베를린이라는 애칭으로 불렸다. 60년대 말까지 의류 산업 단지로 활발하게 돌아갔던 건물은 이 지역의 경기 침체와 함께 활기를 잃었다.

2000년 비키니 베를린을 심폐소생 시킨 것은 건축과 인테리어, 가구 디자인으로 유명한 베르너 아이슬링거였다. 4년의 긴 리노베이션을 거쳐 비키니 베를린은 비로소 섹시한 건물로 재탄생했다. 그리고 비키니 베를린이라는 이름을 정식으로 갖게 되었다. 그는 동물원 옆이라는 위치적 특성을 십분 활용했다. 동물원과 붙어있다는 사실은 지도 상에만 나와있는 것이 아니라 비키니 베를린 내부에서도 실제로 확인할 수 있다. 출구가 여러 개 있는 비키니 베를린에 들어가보자. 가운데 팝업 부스들과 양쪽의 브랜드 숍들을 지나다 보면 건물 중간쯤 큰 유리창으로 원숭이 우리가 보인다. 동물원 뷰를 볼 수 있는 곳은 1층 로비만이 아니다. 가운데 보이드 공간을 둔 2층에는 다국적 푸드 코트가 있다. 동물원을 보며 식사를 즐길 수 있는 곳이다. 비키니 베를린 건물의 특징 중 하나인 중간층 야외 테라스에서도 동물원을 파노라마로 볼 수 있다.

작정하고 동물원을 활용한 곳은 비키니 베를린의 한쪽 끝에 위치한 '25아워스 호텔'(25hours Hotel, 이하 25h)이다. 25h는 전 세계에 지점을 가지고 있는 프랜차이즈 호텔인데, 규격화 하지 않고 로컬에 맞는 콘셉트를 지향한다. 비키니 베를린 25h는 '도시 정글'을 표방하고 있다. 동물원 사이드의 객실에서 동물원이 보이는 것은 물론, 4층의 리셉션은 도심 속 정글을 공간으로 구현했다. 동물원이 내려다 보이는 창가에는 해먹을 걸어 두었고, 이곳의 상징인 원숭이 인형을 굿즈로 판매하기도 한다.

Berlin

25h는 비키니 베를린의 섹시하고 힙한 이미지를 담당한다. 10층까지 운행되는 엘리베이터를 타면 낮은 조도 속 동물 이미지의 모션 그래픽이 시선을 사로잡는다. 믹싱된 동물 사운드도 귀를 긴장시킨다. 그대로 10층의 루프탑까지 올라가면 네니(NENI)레스토랑과 몽키바(Monkey Bar)로 나뉜다. 낮에는 통창으로 동물원을 포함한 공원 뷰를 즐길 수 있고, 밤에는 야경을 조망할 수 있어서 현지인들에게도 인기다. 단, 안락한 자리는 한 군데도 없다.

25h에 묵고 있던 어느 날 저녁, 숙소로 가는 비키니 베를린 쇼핑 몰에 탱고 음악이 들렸다. 음악을 따라 가니 중앙 홀에서 꽤 많은 사람들이 댄스를 즐기고 있었다. 잘 추는 사람은 잘 추는 대로, 서툰 사람은 서툰 대로 다들 즐거워 보였다. 누구라도 참석할 수 있는 댄스 이벤트였다. 가게들이 문을 닫은 시간, 사람들은 춤을 추러 비키니 베를린의 로비를 찾아왔다. 멋쟁이 할아버지도, 섹시한 언니도, 중년 남자도, 귀여운 할머니도 영화 〈여인의 향기〉 속 탱고 씬을 찍고 있는 듯했다. 도시의 재건과 활기를 위해 지어졌고 낙후되었다가 리노베이션을 거쳐 베를린의 상징이 된 비키니 베를린에는 힙한 공기가 있다. 다시 올드해지고 더 힙한 곳으로 사람들이 옮겨간다고 해도 아직 비키니 베를린은 자유롭고 섹시한, 아니 자유로워서 섹시한 라이프 스타일을 상징한다.

Berlin

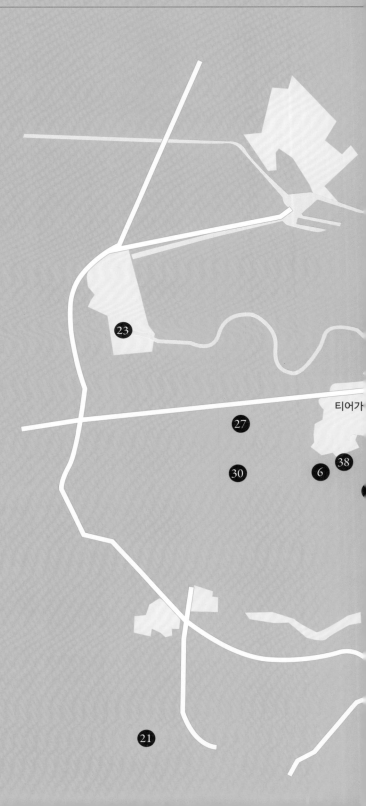

티어가

마우어파크

7

11

13

32 34
26

31
28
25 19
20 35 29 18 22 9
37 5
4

17
10
12 3 2 16
8
14

1

24
33

15

템펠호프

Back Issues

ISSUE No. 1
Shikoku

ISSUE No. 2
Sapporo

ISSUE No. 3
Saga

ISSUE No. 4
Nagasaki

ISSUE No. 5
Yokohama

ISSUE No. 11
Kyoto

ISSUE No. 6
Seattle

ISSUE No. 7
Suncheon

ISSUE No. 8
Jeonju

ISSUE No. 9
Busan

ISSUE No. 10
Melbourne

MARBLE ROCKET

도시 탐사 매거진

발행 Publisher
마블로켓 편집부

기획/책임편집 Contents Director and Editor in Chief
서은숙 Seo Eunsook

기획/사진 Project Editor and Photographer
김지연 Kim Jiyeon

디자인 Designer
안미경 Ahn Mikyung

Publishing Date
November 2024

문의 @marble_rocket
www.marblerocket.com

Publishing (주)마블로켓
도서등록번호 제2018-000210호
출판등록일 2018년 4월23일
ISBN 979-11-983170-3-2